A GRANDE ESTRATÉGIA DE EVOLUÇÃO NOS NEGÓCIOS

CARO(A) LEITOR(A),

Queremos saber sua opinião sobre nossos livros.
Após a leitura, curta-nos no facebook.com/editoragentebr,
siga-nos no Twitter @EditoraGente,
no Instagram @editoragente
e visite-nos no site www.editoragente.com.br.
Cadastre-se e contribua com sugestões, críticas ou elogios.

Boa leitura!

RODRIGO ROCHA

A GRANDE ESTRATÉGIA DE EVOLUÇÃO NOS NEGÓCIOS

COMO DESENVOLVER UMA
MENTALIDADE INOVADORA
PARA VENCER EM UM MUNDO
EM TRANSFORMAÇÃO

Diretora
Rosely Boschini

Gerente Editorial Pleno
Franciane Batagin Ribeiro

Assistente Editorial
Alanne Maria

Coordenação Editorial
Andréa Ciaffone

Produção Gráfica
Fábio Esteves

Preparação
Gleice Couto

Capa
Rafael Brum

Projeto Gráfico e Diagramação
Vivian Oliveira

Revisão
Wélida Muniz

Impressão
Edições Loyola

Copyright © 2022 by Rodrigo Rocha
Todos os direitos desta edição
são reservados à Editora Gente.
Rua Natingui, 379 – Vila Madalena,
São Paulo, SP – CEP 05443-000
Telefone: (11) 3670-2500
Site: www.editoragente.com.br
E-mail: gente@editoragente.com.br

Dados Internacionais de Catalogação na Publicação (CIP)
Angélica Ilacqua CRB-8/7057

Rocha, Rodrigo
  A grande estratégia de evolução nos negócios: como desenvolver uma mentalidade inovadora para vencer em um mundo em transformação / Rodrigo Rocha. - São Paulo: Editora Gente, 2022.
  192 p.

  ISBN 978-65-5544-283-0

  1. Negócios 2. Sucesso nos negócios I. Título

22-5458   CDD 650.1

Índice para catálogo sistemático
1. Negócios

NOTA DA PUBLISHER

A *grande estratégia de evolução nos negócios*, de Rodrigo Rocha, CEO da Amil Dental e exímio montanhista, é uma obra para entender as constantes mudanças no mundo dos negócios. Focada em mostrar como cada um pode contribuir para a construção de uma realidade mais evoluída, vemos como ideias inspiradoras podem ser executadas e como os negócios que querem ser longevos devem trabalhar para acompanhá-la.

Aqui, o autor afirma que as empresas e profissionais que não estão atentos às mudanças às necessidades da sociedade ficaram para trás. Defendendo que devemos viver, sem medo, a Era de Aquário, a era da liberdade e da criação de ideias inovadoras, Rodrigo mostra a cada capítulo como essência, entusiasmo, excelência, empatia e evolução são fundamentais para atravessar o novo.

Neste livro, a versatilidade, a inovação, a criatividade e a curiosidade são lemas para que pessoas e empresas vençam em uma sociedade ávida por mudança. O texto arrebatador de Rodrigo Rocha fala de novos parâmetros adotados nos negócios e na sociedade. É um livro sobre ideias e propósitos, é o livro das empresas do agora e das empresas do futuro.

Boa leitura!

Rosely Boschini
CEO e publisher da Editora Gente

SUMÁRIO

INTRODUÇÃO — 08
Uma questão de mentalidade e método

CAPÍTULO 1 — 16
Evolução contínua, sem medo do topo!

CAPÍTULO 2 — 24
O despertar do coletivo

CAPÍTULO 3 — 32
Era de Aquário e de todos nós

CAPÍTULO 4 — 42
Hippies: o impacto que mudou o mundo

CAPÍTULO 5 — 52
Construindo, desconstruindo, reconstruindo

CAPÍTULO 6 — 64
Ecossistemas de negócios

CAPÍTULO 7 — 80
Propósito no centro de tudo

CAPÍTULO 8 — 94
Evolve thinking

CAPÍTULO 9 — 106
Mindfulness leadership: um salto evolutivo

CAPÍTULO 10 — 118
Pessoas versalistas

CAPÍTULO 11 — 130
Empresa versalista: o futuro já começou

CAPÍTULO 12 — 138
Do ego para o eco – o novo contexto ESG

CAPÍTULO 13 — 148
Minimalismo e empresa consciente

CAPÍTULO 14 — 162
Evolveness em cinco atos

CAPÍTULO 15 — 180
Evolveness: atitude, teoria e prática reunidas

INTRODUÇÃO
Uma questão de mentalidade e método

A r cada vez mais rarefeito. Isso é o que todas as montanhas deste planeta têm em comum. A mecânica é: quanto maior a altitude, menor é a quantidade de moléculas de oxigênio por centímetro cúbico. Ou seja, o ar vai faltar. E o estresse vai aumentar exponencialmente.

Agora, combine isso com o cansaço físico acumulado por dias de caminhada ascendente para entender o paradoxo do montanhismo: quanto mais perto se chega do topo, mais inalcançável ele parece. Cada passo – depois dos milhares feitos na trilha – parece exigir um esforço maior que o anterior. A jornada não fica mais fácil à medida que se segue em frente. Para muitos, o mais difícil é dar o primeiro passo, mas, para o escalador, o começo é cheio de alegria e esperança, e a dificuldade aumenta na proporção em que o seu objetivo se aproxima.

Acredite, a mecânica nos negócios e na carreira corporativa, tanto para empreendedores quanto para executivos, é a mesma do montanhismo. Sinto-me à vontade para fazer essa analogia porque faço os dois há muito tempo.

Nasci em uma família de executivos. Quando cheguei a esse mundo, meu pai e minha mãe já atuavam como executivos. Meu irmão mais velho e eu seguimos o mesmo caminho. Muito jovem, comecei a trabalhar e sempre senti que podia ampliar o alcance das lições que aprendi na Singularity University, Columbia University, IBMEC, The

University of Chicago, HSM Special Management Program – Boston e Disney Institute. **Entendi rapidamente que o conhecimento compartilhado é a melhor maneira de multiplicar a inspiração e fazer as equipes produzirem mais e melhor.** Tudo o que eu sentia e pensava sobre performance se revela verdadeiro quando pratico montanhismo. **Foi quando percebi que, antes de mais nada e acima de tudo, sou montanhista.**

Atenção para o verbo "sou", e não "estou" – aliás, uma das bênçãos do idioma português é fazer a distinção entre o ser, que é constante, e o estar, que é momentâneo e impermanente.

Pois bem, quando eu descobri que sou montanhista de alma, muita coisa se tornou clara para mim. ==Compreendi que a evolução constante é o que me faz feliz. Subir a montanha é, para mim, tão realizador quanto atingir o topo.== Perceber isso me fez entender a dinâmica de vida em que eu me sinto estimulado, que me traz saúde física e mental e que me torna uma pessoa melhor para mim e para os outros.

Depois de vinte anos de trabalho, me tornei CEO. Claro que chegar ao topo da carreira corporativa é uma conquista importante, mas tenho muito claro para mim que eu "estou" CEO, e não "sou" qualquer que seja o cargo escrito embaixo do meu nome.

Essa compreensão vem do montanhismo. Na montanha, assim como na vida corporativa, cada conquista precisa ser vista realisticamente como resultado de muito suor, trabalho, estudo, de muita energia empregada em dominar dores, encarar desafios e enfrentar batalhas. Escalando ou trabalhando, é preciso combinar energia, sabedoria, humildade (sobretudo para ouvir os mais experientes), coragem, preparo mental e equilíbrio emocional para chegar ao topo com disposição e saúde para curtir o momento e desfrutar do panorama.

É preciso subir devagar, sentir o esforço para alcançar cada etapa e, o mais importante: se aclimatar em cada nova altitude. Do mesmo jeito que descansar em um acampamento é fundamental para que

UMA QUESTÃO DE MENTALIDADE E MÉTODO

seu organismo se adapte ao ar rarefeito; na carreira, é essencial passar um tempo em cada cargo, porque isso traz oportunidades únicas de aprendizado e de construção de competências. O segredo é não se afobar e seguir com segurança, sem pular etapas. Na montanha, o apressado tem maior probabilidade de sofrer um acidente, ficar doente ou morrer. Na vida corporativa, o risco é de causar prejuízo para a empresa e para a sua reputação.

No montanhismo, dizemos que não é a pessoa que sobe a montanha, e sim a montanha que se deixa subir. Sim, a montanha julga e escolhe seus eleitos, que são os que se prepararam melhor física e mentalmente antes do primeiro passo e que, mesmo enquanto sobem, continuam focados, concentrados e respeitando a jornada. É semelhante na vida corporativa.

Montanhas não podem ser vencidas à força. É preciso conquistá-las com inteligência, paciência e capacidade para escolher o momento certo de parar ou de seguir em frente. Estratégia, preparo e timing são as chaves para uma escalada. Com os negócios é a mesma coisa. Por isso, acredito que a evolução constante seja a chave para uma vida pessoal e corporativa mais feliz.

Outro ponto em comum entre montanhismo e vida corporativa: impossível fazer qualquer um dos dois sem uma equipe. É interessante que, nos dois casos, a dinâmica seja a mesma: o time traz apoio e segurança, mas a performance e o alinhamento mental de cada um é algo totalmente individual.

Há alguns anos, em 2014, decidi subir o Kilimanjaro que, depois do Everest, é a montanha com o maior *recall* popular do mundo. Afinal, quem já não se espantou com as neves eternas no seu topo servindo de cenário de fundo para manadas de elefantes cruzando a savana? Pelas fotografias, já dá para notar que o monte, que fica no norte da Tanzânia, quase fronteira com o Quênia, é um dos lugares mais especiais do planeta. São 5.885 metros de altitude, o que o torna o topo da África. Vale dizer que o desafio que uma montanha representa não pode ser medido em metros; sua altura é apenas uma referência topográfica. Na prática, uma montanha, seja de que tamanho for, nunca pode ser subestimada.

Conheço gente que desistiu quando estava a "apenas" 100 metros do topo do Kilimanjaro, por pura exaustão. Também convivi com pessoas que teimaram em subir mesmo enfrentando hipotermia e voltaram para casa sem alguns dedos dos pés e das mãos. Na vida corporativa, esse tipo de situação acontece com frequência. Muitas vezes, eu vi executivos morrendo de asfixia por terem sido promovidos para um cargo para o qual não estavam preparados, e também vi gente que deixou pedaços de si no meio do caminho para conquistar seu objetivo – muitas vezes partes importantes, como vida amorosa ou familiar.

O fato é que tanto no montanhismo quanto na vida corporativa é preciso autoconhecimento e muita clareza de propósito, porque é isso que gera a energia para dar cada passo, para enfrentar cada dor, para sublimar o cansaço.

Acredito que a evolução constante seja a melhor rota para o topo e, por isso, escrevi este livro cuja missão é apontar caminhos para que cada pessoa possa atingir o seu potencial máximo na atividade desejada, seguindo passo a passo, de maneira íntegra e saudável.

Antes de tudo, somos pessoas. E isso é muito sério e profundo. As nossas ideias, propósitos, objetivos e atos são derivados da combinação de razão e emoção, de pragmatismo e romantismo, de critério e empatia – só que todos esses elementos estão sujeitos à ação do tempo.

Os critérios mudam e, com eles, nossas noções sobre o que é mais efetivo e razoável, e isso mexe com as nossas emoções. Assim, é preciso estar em evolução constante na dimensão individual para se manter alinhado com a dinâmica do mundo, dos negócios e das pessoas.

Gandhi nos aconselha a sermos a mudança que queremos ver no mundo. Eu acredito nisso e vou além: tenho convicção de que as mudanças já estão acontecendo. Basta olhar as manchetes dos editoriais de economia e negócios ou conversar com amigos para ver que hoje há mais que sinais, há fatos comprovando que a evolução prometida pela Era de Aquário está se instalando nas entranhas do capitalismo:

Companhias que valorizam a criatividade e disrupção valendo mais do que nunca...
Empresas atentas ao ESG rendendo mais na Bolsa que as tradicionais...
Diversidade e inclusão em todos os espaços...
Saúde mental na ordem do dia...
Inovação atraindo investidores...
Equipes transnacionais...

A missão deste livro é conectar os conceitos da nova era à prática da vida corporativa e mostrar a espiral construtiva na qual ideias dão origem a atos que inspiram novos conceitos, novas iniciativas e novos negócios.

Chamo esse estado de abertura constante para a evolução de EvolveNESS, uma mentalidade que combina a percepção do que está acontecendo no mercado com iniciativas particulares para atender às novas demandas. EvolveNESS é uma mentalidade transversal que ajuda as pessoas individualmente a impactarem de maneira positiva o ambiente em que interagem – seja como executivo, empreendedor, profissional liberal, acadêmico ou estudante.

EvolveNESS é, portanto, um método inspirado no montanhismo, que combina preparação mental com foco em evolução contínua e que realiza a convergência de elementos exteriores ao indivíduo com conceitos que são pessoais, mas que impactam diretamente a vida profissional e o resultado material das empresas.

Conciliando os 4 Es do Sistema de Estratégia Minimalista – SEM (elegância, eficiência, eloquência e êxito) – material do meu livro anterior[1] – com cinco outros: essência, entusiasmo, excelência, empatia e evolução, chegamos ao conceito maior de EvolveNESS.

Enquanto elegância, eficiência, eloquência e êxito atuam na dimensão corporativa e têm como foco o crescimento das empresas, essência, entusiasmo, excelência, empatia e evolução impactam primeiro a dimensão pessoal de profissionais, executivos e empreendedores e lhes fornecem melhor estrutura para levar os seus negócios em direção ao futuro.

A grande estratégia de evolução nos negócios tem como objetivo mostrar que a evolução pessoal permite gerar as melhores energias profissionais e atrair o sucesso pessoal e profissional.

POR QUE ISSO É IMPORTANTE?

Porque estamos vivendo um momento de mudanças rápidas e profundas geradas pela combinação de desejos individuais, como a urgência pela liberdade de se expressar e a determinação de viver de acordo com seus propósitos e valores, que colidem com as macroestruturas do mercado. Essa colisão ocorre de maneira construtiva e transforma tanto as pessoas quanto as macroestruturas corporativas em algo melhor e mais evoluído. É como se o status quo fosse um bloco de mármore, e as ideias fossem as ferramentas de um escultor, que desgastam a pedra nos lugares certos e produzem beleza.

Podem me acusar de otimista – aceito o rótulo com alegria –, mas não há crescimento sem energia transformadora. Então, minha mensagem é: use sua humanidade como combustível para o bem. Entre em estado de EvolveNESS para garantir a sua relevância e atualidade em todas as atividades a que se dedique.

---

1 ROCHA, R. **Sistema de estratégia minimalista**: como 4 Es podem tornar a sua vida mais leve e levar a sua empresa ao sucesso. Rio de Janeiro: Alta Books, 2018.

"Use sua humanidade como combustível para o bem."

CAPÍTULO 1
Evolução contínua, sem medo do topo!

> Apenas um processo de evolução contínua permite manter o indivíduo e suas interações com o mundo – sobretudo na esfera profissional – alinhadas com seus propósitos e construindo o futuro que desejam.

Limites e metas – estranhamente esses dois conceitos são mais íntimos das pessoas na nossa sociedade do que liberdade e propósito, que deveriam ser o motor para realizarmos mais e melhor.

Como fazer a transição desses conceitos limitantes, que condicionam nossas ações, para os conceitos amplos, que inspiram nossas criações, a inovação, o futuro de nossas empresas e empreendimentos e nosso próprio futuro enquanto profissionais e pessoas?

A única resposta é evoluir de um estado para o outro. Por isso, a proposta deste livro é EvolveNESS. Em inglês o sufixo *ness* significa "estado", "condição" ou "qualidade de", um neologismo para aquele estado de progresso constante e envolvente, para transformar limites e condicionamentos em liberdade criativa e satisfação pessoal.

Para os céticos que acham que liberdade criativa e satisfação pessoal são supérfluos, devo dizer que, ao longo deste livro, há inúmeros exemplos comprovando que a evolução contínua em direção a uma mentalidade e um modo de produzir inovador e sintonizado com propósitos de impacto positivo para a sociedade tem se mostrado a melhor maneira de preservar o vigor dos negócios.

Quem está no jogo do mercado sabe muito bem que sem respeitar limites ou atingir metas não há produtividade, emprego, salário no fim do mês nem bônus anual. Isso faz parte da vida real, é palpável e consistente, certo? Sim, mas o cenário é muito maior do que esse olhar míope pode alcançar.

No método EvolveNESS, como no montanhismo, mais importante que estabelecer o objetivo de atingir o topo ou de fixar a meta de subir um determinado número de metros por dia é deixar a mente aberta para entender a montanha e perceber todas as condições que atuam no processo da escalada. Para que a mente aberta para os fatos se reverta a seu favor, é fundamental ter muito claro o seu propósito naquela escalada, porque saber o que se deseja daquele projeto é o que vai garantir a liberdade de viver a jornada.

Se você está alinhado com o seu propósito e em paz com o projeto, você se sente livre. Esse sentimento torna a jornada tão importante e interessante que, no final, atingir o topo passa a ser apenas um desdobramento, um efeito quase automático de uma escalada bem realizada – e não digo perfeita, porque a perfeição é ilusória e limitante tanto na montanha quanto na vida.

O processo de escalar uma montanha é feito passo a passo, em uma evolução constante e deliberada, em que a força mental e o equilíbrio emocional valem tanto ou mais do que a força física. Na vida executiva é a mesma coisa. Só é mais difícil de entender a semelhança porque o tempo e o esforço rumo ao topo da carreira executiva são medidos em anos, não em dias. Assim, conforme o processo de subida fica diluído, muita gente perde o foco na necessidade de se manter evoluindo.

Como eu disse logo no início, na montanha é preciso passar algum tempo em cada faixa de altitude para o corpo se aclimatar. O mesmo deveria acontecer na vida corporativa. O problema é que muitos executivos, depois de se aclimatarem, resolvem fazer daquele campo-base sua zona de conforto, o que interrompe o seu progresso e o do seu setor na empresa – e o mercado não perdoa quem só olha o imediato e não percebe para onde vai a evolução.

Existe uma ideia bastante difundida nas redes sociais que diz que superestimamos o que podemos fazer em um ano e subestimamos o que pode acontecer em dez anos. Exemplos de empresas e executivos que caíram nessa armadilha são muitos. Pense em uma data qualquer e veja o que os líderes de uma determinada indústria estavam fazendo, depois analise quem tomou um caminho evolutivo ligado à inovação e quem ficou parado no campo-base.

Por exemplo, em 1998, um novo *player* de nome estranho, Google, entrou no mercado de ferramenta de busca na internet. Ali os líderes já estavam estabelecidos: AltaVista, Yahoo, Excite, HotBot, Ask Jeeves, WebCrawler. Havia até buscadores locais, como o brasileiro Cadê. Em poucos anos, o Google dominou o mercado a ponto de tornar o Bing, buscador da Microsoft, uma espécie de estranho no ninho e de fazer o Yahoo parecer uma peça de museu.

Existem muitas explicações para o crescimento da empresa de Larry Page e Sergey Bin, mas talvez a mais simples e certeira seja que eles nunca pararam de evoluir. Com seu propósito de incluir todo mundo e servir às mais diversas necessidades dos internautas, eles seguiram evoluindo para além das buscas e criaram inúmeras frentes: Gmail, Google Maps, Google Drive, Google Docs, Blogger, Google+, YouTube e muitos outros. Em menos de cinco anos de atuação, já eram o buscador mais popular[2] – e, nesse negócio, popularidade se reverte em receita.

Nos rankings de 2022, o Google está sempre no topo. É o segundo lugar no Kantar BrandZ Top 10 Most Valuable Global Brands

---

[2] MACEDO, J. Conheça a história dos buscadores e veja como o Google alcançou o topo. Canaltech, 16 ago. 2015. Disponível em: https://canaltech.com.br/internet/conheca-a-historia-dos-buscadores-e-veja-como-o-google-alcancou-o-topo-47289/. Acesso em: 26 ago. 2022.

A GRANDE ESTRATÉGIA DE EVOLUÇÃO NOS NEGÓCIOS

2022, depois da Apple.[3] Também está em segundo na lista Forbes das marcas mais valiosas do mundo, depois da Apple e na frente da Microsoft. Na lista da Fortune 500 de 2022 dos Estados Unidos, está em oitavo lugar, o primeiro está com Walmart. E, na Fortune 500 Global, o Google está em 17º lugar, tendo apresentado aumento de lucratividade de 88,8% entre 2021 e 2022.

O Google ficou famoso por fomentar uma filosofia batizada de "googleness", que é qualidade, condição e estado de manter-se alinhado com uma empresa que busca evolução contínua. Ou seja, uma mentalidade de EvolveNESS com tempero exclusivo.

Outro corte pode ser feito em 2008, ano da crise financeira mundial que paralisou os negócios em muitos setores – mas não no de algumas empresas que hoje estão no topo, como Apple, Amazon, Walmart, Microsoft, Netflix, Meta, Samsung e a própria Alphabet, holding dona do Google. Todas essas companhias têm em comum a visão de evolução constante. Todas usaram os desenvolvimentos tecnológicos na internet de alta velocidade, smartphones e redes sociais para ampliarem sua rede de negócios. Em vez de se preocuparem com o fim do mês, elas se preocupam em construir um novo mundo e não se deixam encapsular pela liderança.

Essa necessidade de evolução contínua é ainda maior nos setores tradicionais, em que a tecnologia não é produto principal, e sim ferramenta. O varejo de eletrodomésticos brasileiro é um exemplo claro de como a agilidade para evoluir, no sentido de fazer as tecnologias servirem às pessoas, pode fazer toda diferença. Hoje considerada líder de mercado, a Magazine Luiza cresceu substancialmente por investir em tecnologia para se aproximar das pessoas. Criou o seu site de e-commerce no ano 2000.[4] Mas como a sua clientela

---

[3] WHAT are the most valuable global brands in 2022? **Kantar**, 15 jun. 2022. Disponível em: https://www.kantar.com/inspiration/brands/what-are-the-most-valuable-global-brands-in-2022. Acesso em: 6 set. 2022.

[4] LUIZA Helena Trajano: a empresária que fez o Magazine Luiza virar referência em inovação e diversidade. **InfoMoney**. Disponível em: https://www.infomoney.com.br/perfil/luiza-helena-trajano/. Acesso em: 6 set. 2022

não tinha acesso à internet ou não se sentia confiante para usar o computador, a rede criou lojas em que as pessoas iam para comprar pela internet. Em 2012, chegou a distribuir chips de telefone celular para os clientes de baixa renda terem acesso às redes sociais. Depois, a empresa criou uma personagem, a Lu, uma vendedora eletrônica para explicar os detalhes dos produtos oferecidos no site. Em 2015, lançou seu aplicativo e uma logística de entrega que rivaliza com a Amazon no mercado brasileiro.

O Magazine Luiza fez seu IPO em 2011 e, em 2016, foi a companhia de capital aberto que mais se valorizou no mundo.[5] Em 2021, a despeito da pandemia, e porque estava preparada para o e-commerce, atingiu o maior *market share* da sua história, além de fazer diversas aquisições. Isso mostra que, independentemente do segmento, a busca por evolução constante é o que caracteriza as empresas vencedoras.

A ideia da EvolveNESS – ou, em português, evolutibilidade – é assumir que a jornada é tão ou mais importante do que o destino, pois cada passo determina o seguinte. Muitas vezes, existe risco na caminhada. Os escorregões podem acontecer, sim, mas como o propósito é maior do que as metas imediatas, o processo evolutivo continua – porque ele inclui a liberdade de cometer erros e os aprendizados que eles geram. EvolveNESS é uma jornada metodológica em que cada capítulo apresenta o contexto para o seguinte. Assim, conforme subimos a montanha, o topo fica mais claro, e alcançá-lo se torna cada vez mais factível.

Na porção final da caminhada encontraremos os elementos fundamentais de EvolveNESS, que são: Essência, Entusiasmo, Excelência e Empatia. Esses elementos atuam no indivíduo e colocam o protagonismo do processo evolutivo na escala pessoal. A mecânica é a seguinte: se cada indivíduo estiver sintonizado com

---

[5] LINHARES, M. Por que a Magazine Luiza valorizou mais de 1000% desde seu IPO?. **e-commercebrasil**, 6 jun. 2019. Disponível em: https://www.ecommercebrasil.com.br/artigos/por-que-a-magazine-luiza-valorizou-mais-de-1000-desde-seu-ipo/. Acesso em: 6 set. 2022

a mentalidade de evolutibilidade contínua, estará mais apto para contribuir com o todo.

Fortalecida com Essência, Entusiasmo, Excelência e Empatia, cada pessoa poderá atuar nos quatro Es que formam o Sistema de Estratégia Minimalista (SEM) – elegância, eficiência, eloquência e êxito – e que se aplicam à vida corporativa. A soma de EvolveNESS, na dimensão pessoal, com o SEM, que atua na esfera empresarial, resulta em empoderamento para viver além das metas e dos limites, desfrutando do alinhamento de propósito e da liberdade para criar e realizar.

> "A jornada é tão ou mais importante do que o destino, pois cada passo determina o seguinte. Muitas vezes, existe risco na caminhada."

CAPÍTULO 2
O despertar do coletivo

Uma visão mais evoluída da empatia pode catalisar atitudes positivas e gerar uma espiral de desenvolvimento da consciência nas esferas individual, coletiva e corporativa capaz de atingir todo o mundo.

Há quem afirme que a única construção humana que pode ser vista claramente do espaço é a Grande Muralha da China. E isso já diz muito sobre o planeta Terra. Afinal, o maior esforço conjunto dos terráqueos foi desenvolvido para separar as pessoas e fazer com que as culturas fossem impermeáveis umas às outras em um desejo teimoso e míope de manter o status quo. Por milhares de anos, a muralha protegeu os chineses de invasores e ajudou aquela cultura a se fortalecer. Mas, como sempre acontece com os muros, chega um dia que a sua existência perde o sentido, porque faz parte da natureza humana sempre querer ver o que há do outro lado.

Reconhecer isso é que é difícil! Feita pelos vencedores da Segunda Guerra Mundial, a divisão da capital alemã em zonas administradas pelos vencedores Estados Unidos, Grã-Bretanha e França teve um efeito profundo nas pessoas de todas as tendências políticas. Inaugurado em 1961, o Muro de Berlim, com seus 3,6 metros de altura, foi construído pela República Democrática

Alemã para isolar a porção da cidade administrada pelos soviéticos das outras. Rapidamente a barreira, que parecia uma cicatriz na antiga capital alemã, se tornou um símbolo da Guerra Fria, período de ameaças e tensão entre comunistas e capitalistas, ambos os grupos buscando a hegemonia. Assim, em pleno século XX, mesmo com as ondas de rádio integrando as pessoas à distância, havia uma barreira para separar pessoas de uma mesma cultura. Entretanto, o desejo das pessoas por liberdade fez o muro ser demolido pelo povo em 1989.

A sensação de solidez que um muro traz é ilusória. Veja o caso de Wall Street, o primeiro lugar do planeta em que os abalos são sentidos. Ali, tudo o que é sólido se desmancha no ar em poucos minutos. É interessante notar que onde hoje está o centro financeiro mais importante do mundo era o mesmo lugar físico em que uma muralha de proteção erguida pelos holandeses na ilha de Manhattan fora construída para proteger os primeiros habitantes de piratas, índios, ingleses e, também, para evitar que seus escravos fugissem. Os ingleses derrubaram o muro em 1699,[6] mas o nome ficou, e nesse endereço construíram a mais poderosa bolsa de valores do mundo. Ironicamente, em vez de repelir, Wall St. atrai os piratas – só que agora vestidos em ternos Armani e pilotando estratégias de especulação financeira.

Os países podem ter fronteiras, construir muros e muralhas, mas Wall St. une o mundo. Todas as economias hoje estão conectadas. O que acontece na China exerce grande influência nos Estados Unidos. A interdependência é um fato. Só que o egocentrismo equivocado faz os governos criarem barreiras comerciais – olha a fixação humana por muros e muralhas, mesmo que imateriais, aparecendo novamente – e, em vez de aceitarem a interdependência e aprofundarem a cooperação pensando no bem-estar

---

[6] JEHNIFFER, J. Wall Street: qual é a história por trás dessa famosa rua?. *Investidor sardinha*, 8 nov. 2021. Disponível em: https://investidorsardinha.r7.com/aprender/wall-street-historia/. Acesso em: 6 set. 2022

das suas populações, preferem deixar o egoísmo falar mais alto e criam guerras tarifárias intermináveis.

Com função inversa a dos muros, as estradas são feitas para unir. Os romanos da Antiguidade se esforçaram para construir estradas e rotas que ligavam os mais diversos pontos do seu império. Embora não sejam visíveis do espaço, o espírito de comunicação que gerou esses caminhos de conexão entre os povos, milênios depois, inspirou os governos a investirem em pontos de comunhão, como a Organização das Nações Unidas e a estação internacional no espaço, de onde a visualização dos muros é distante e o companheirismo é sinônimo de sobrevivência.

Cada vez mais a política é conduzida pela economia, e não o contrário. Os governos dependem dos números da economia para convencerem os eleitores. Eis uma verdade política difícil de administrar: os resultados da economia podem contaminar de maneira negativa qualquer candidatura. Afinal, tradicionalmente os eleitores preferem votar em quem possa trazer uma esperança de melhoria – mesmo que fantasiosa – do que manter os políticos que falam apenas sobre fatos negativos. Houve, entretanto, uma tendência de valorização dos políticos que falam sobre os problemas e desafios que surgiram com a pandemia de covid-19.

Vírus, forma de vida que está entre as mais primárias da natureza, são poderosos porque evoluem rápido. Mutações sucessivas os renovam e, por isso, os tornam mais eficientes – e, portanto, potencialmente mais contagiosos ou letais. Interessante que o *modus operandi* dos vírus carrega uma série de dinâmicas bastante valorizadas pela nossa sociedade, como adaptabilidade, evolução rápida e facilidade de disseminação.

Na economia, esses conceitos ditam regras. Vários mercados funcionam assim. A dinâmica da moda também segue esse preceito. Novas coleções para atender a novos anseios, divulgadas de maneira viral por jornalistas, blogueiros e influenciadores para ativar toda uma cadeia produtiva. A dinâmica do mundo digital também vive em ritmo cíclico. Os aparelhos ganham novas versões todo ano, e a adoção de uma forma de tecnologia ou uma marca é algo que passa de uma pessoa para outra por contato próximo, por experiência. O mesmo acontece com os aplicativos. A disseminação de aplicativos como o WhatsApp também foi viral. As notícias são virais e, na arte, não há artista que não deseje que sua música ou performance viralize de maneira orgânica na internet. Ou seja, nossa sofisticada sociedade de consumo do século XXI admira e mimetiza a dinâmica dos vírus.

O interessante é que, quando uma febre de consumo se estabelece, as pessoas querem logo o produto. A consciência sobre a origem e os parâmetros de produção está se ampliando em todas as gerações, mas ainda existe um grande contingente de pessoas que deliberadamente fecham os olhos para os impactos que a confecção de determinados bens gera para o ambiente ou para a sociedade. A lógica da produção globalizada contribui para a cegueira seletiva, porque em geral a poluição ou os direitos trabalhistas aviltados estão distantes – muitas vezes, atrás da Muralha da China.

Por muito tempo, Wall St. se manteve impermeável a questões éticas, só preocupada com os frios resultados financeiros e a lucratividade das empresas. Entretanto, dos anos 1990 para cá, e especialmente desde a virada do milênio, a crescente consciência sobre as boas práticas de ESG (*Environmental, Social, Governance*) vem alterando o padrão de comportamento, no sentido de valorizar mais as empresas que investem em sustentabilidade, diversidade e inclusão e transparência administrativa.

No mundo da economia, a China é, paradoxalmente, o lugar distante mais próximo que existe. Equipamentos e partes fabricadas lá custam mais barato, fazendo com que boa parte da manufatura aconteça nesse país com extensa oferta de mão de obra e pouca preocupação com a preservação ambiental. O fato é que o que acontece na China fica na China. E o consumidor ocidental, que por muito tempo preferiu ignorar isso, hoje se incomoda com o que está atrás do muro.

A ideia clássica de que a globalização existe para tirar vantagem de nações que podem produzir com menor custo de matéria-prima, mão de obra ou dos dois tem sido cada vez mais substituída por uma visão mais crítica e empática. O conceito de que "quanto mais rico cada um for, mas ricos todos seremos" vem ganhando força ao mesmo tempo em que a maneira como a riqueza é produzida também vem sendo observada de perto. Tudo indica que a cegueira das pessoas sobre o que está por trás dos preços baixos, apesar de muito conveniente, está com os dias contados, porque a moralidade das pessoas está mudando.

E precisa mudar. Segundo o Fundo Monetário Internacional, em 2021, a dívida mundial atingiu o maior patamar anual desde a Segunda Guerra – valor equivalente a 256% do PIB global.[7] Isso mostra que a macroeconomia mundial está vivendo em uma bolha, em uma falsa prosperidade financiada por dívidas monetárias e morais.

A pandemia de covid-19 revelou o despreparo de indivíduos, empresas e governos, mas também premiou quem mostrou resiliência, capacidade de adaptação, sensibilidade e criatividade. O inesperado mundial nos mostrou que egoísmo não contribui para a evolução e que a solução só vem por meio da união e da reconstrução do coletivo. Com o isolamento, veio a necessidade de repensar escolhas e relações e de valorizar a vida, o simples ato de respirar. Talvez por isso, uma maior consciência em relação à urgência de aumentar o uso de energias limpas vem se disseminando de 2020 para cá. Os muros físicos das casas foram ressignificados. A vida digital permitiu que as pessoas se libertassem de limites físicos e abraçassem a tecnologia como ferramenta de desenvolvimento pessoal, consumo, entretenimento e trabalho. O 5G, que estreou

---

[7] ANDRADE, M. Dívida global atingiu maior aumento anual desde Segunda Guerra, diz FMI. CNN Brasil, 15 dez. 2021. Disponível em: https://www.cnnbrasil.com.br/business/divida-global--atingiu-maior-aumento-anual-desde-segunda-guerra-diz-fmi/. Acesso em: 22 ago. 2022.

em larga escala na mesma cidade chinesa em que o vírus apareceu, vai ajudar a transformar o futuro – tanto das pessoas quanto das empresas e mercados.

Estamos todos conectados – em mais de um sentido. Enquanto humanidade, nos fortalecemos e evoluímos a cada crise, a cada nova necessidade. O que o planeta viveu nos anos de pandemia de covid-19 direcionou as energias do futuro que a seguiu, catalisando pequenas reflexões e movimentos que começavam timidamente a surgir antes dela. Tudo isso ajudou a promover mais consciência do nosso papel na ecologia urbana, refletindo sobre o impacto do consumo desenfreado, redimensionando, revolucionando hábitos.

Cooperação, convivência e colaboração ganharam importância. É preciso pensar no coletivo. Todos estamos a bordo do mesmo planeta. As divisões são ficção. Não existe limites em um planeta redondo, os muros são ilusórios, mesmo quando visíveis. Vista do espaço, a Terra não tem fronteiras – e nunca terá.

"É preciso pensar no coletivo."

CAPÍTULO 3
Era de Aquário e de todos nós

O fenômeno astronômico com significado astrológico coincide com a mudança no alinhamento dos conceitos pessoais, dos propósitos empresariais e dos destinos das nações.

Os grandes telescópios mostraram em detalhe o que pode ser visto a olho nu em locais de céu límpido: em 21 de dezembro de 2020, dia do Equinócio, ocorreu um alinhamento entre Júpiter, Saturno e Terra. O fenômeno astronômico é conhecido desde a Antiguidade e entrou para a Bíblia com o nome de Estrela de Belém – que, de tão brilhante, segundo as sagradas escrituras, guiou os Três Reis Magos até o local de nascimento de Jesus. Cada vez que esse alinhamento planetário se repete, por "coincidência" a humanidade passa por um realinhamento, sempre em direção à maior iluminação e consciência pessoal e social. Dessa vez, os astrólogos anunciaram que o fenômeno indicou a chegada oficial da Era de Aquário, a era em que o amor e o respeito guiarão as ações da humanidade.[8]

Claro que há quem não se impressione pela Astronomia – quem acredita que os caminhos dos corpos celestes não impactam a vida

---

[8] ENTENDA por que o alinhamento entre Júpiter e Saturno em 2020 é tão especial. **CNN Brasil**, 21 dez. 2020. Disponível em: https://www.cnnbrasil.com.br/tecnologia/estrela-de-belem-como-ver-o-maior-alinhamento-de-jupiter-e-saturno-em-seculos/. Acesso em: 22 ago. 2022.

dos terráqueos em nenhum aspecto. Há também os que acham que a Astrologia é fantasiosa. Entretanto, mesmo os mais cínicos e descrentes haverão de concordar que o mundo está mudando e que uma nova ordem global vem se impondo. Então vale a pena explorar as correlações entre as energias cósmicas e os acontecimentos no nosso planeta.

Os astrônomos explicam que as órbitas de Júpiter, Saturno e Terra se alinham, com diferentes graus de aproximação, a cada vinte anos. Já os astrólogos atribuem fatos históricos bem concretos às influências dos movimentos celestes. Por exemplo, durante o trânsito de Saturno (planeta que rege o tempo) em Aquário (signo da inovação) no período de 1991 a 1993, várias estruturas anacrônicas de poder foram alteradas, e outras, ligadas a uma maior integração entre os povos, foram consolidadas.

Nesse período, na África do Sul, o presidente Frederik de Klerk começou a realizar negociações que culminaram com o fim do regime de segregação racial e racista conhecido como Apartheid e abriu caminho para que Nelson Mandela se tornasse presidente do país em 1994, depois de ganhar um Nobel da Paz em 1993.

No Brasil, esses anos também trouxeram intensas mudanças econômicas e políticas. Em 1991 foi assinado o Tratado de Assunção, que criou o Mercosul, o bloco de integração econômica que uniu Brasil, Argentina, Paraguai e Uruguai – países que no século XIX se enfrentaram em guerras. Internamente, ao mesmo tempo que os brasileiros viviam a abertura da economia às importações e seus efeitos de renovação do parque industrial nacional, tiveram de lidar com a instabilidade política que culminou, em 1992, na instauração de um processo de impeachment do presidente Fernando Collor de Mello, por crime de responsabilidade. O vice-presidente Itamar Franco assumiu o cargo e deu carta branca para Fernando Henrique Cardoso, então Ministro da Fazenda, para combater a hiperinflação. Em junho de 1993, começaram as primeiras medidas de controle da economia que levariam ao lançamento do Plano Real, em fevereiro de 1994, e que deram início a uma fase de prosperidade e desenvolvimento no país.

Esse trânsito de Saturno mexeu com várias estruturas no mundo todo. A União das Repúblicas Socialistas Soviéticas teve seu fim assinado em 26 de dezembro de 1991 e, com isso, vários países do Leste Europeu se tornaram independentes, puderam recuperar suas respectivas identidades e passaram a ser donos dos seus destinos.

Um rápido trânsito de Saturno em Aquário em 2020 ocorreu de 22 de março a 1º de julho, que coincidiu com o momento em que a covid-19 obrigou pessoas em países de todo o mundo a ficarem em casa e mudarem seu estilo de vida, adotando um senso maior de coletividade. Nesse período, o trabalho remoto, por exemplo, mostrou que a produtividade não depende de vigilância presencial e colocou em xeque as estruturas de produção opressivas criadas na Revolução Industrial. Outra tendência iniciada nesse período foi a valorização dos pequenos produtores locais.

Os trânsitos de Júpiter em Aquário são igualmente poderosos e marcantes. O mais recente ocorreu em 2009 e trouxe fatos positivos como a eleição de Barack Obama e uma depuração do sistema bancário norte-americano como consequência da crise de 2008 e também a epidemia de Sars-H1N1 que assustou o mundo.

O que torna o alinhamento de 21 de dezembro de 2020 especial é o fato de ele acontecer no menor ângulo dos últimos oitocentos anos, permitindo que os planetas associados com os conceitos de poder e tempo se misturassem quando observados da Terra. O resultado das energias cósmicas, de acordo com os astrólogos, tende a se refletir nas ações das pessoas e pode ser percebido pelo fortalecimento de novos conceitos que desafiam as velhas mentalidades. Podemos também ver o efeito dessas energias de renovação no noticiário, que vem mostrando fatos e opiniões de várias lideranças sociais, políticas, econômicas e artísticas e, também de pessoas comuns, o que elas desejam transformar em suas vidas e ambientes.

> Investir em experiências vencerá o costume de gastar com objetos.

Tudo indica que estamos saindo de uma era do ter para uma era do ser. Ou seja, deixar de focar a busca desenfreada por posses e status para se dedicar à busca pela satisfação pessoal ligada aos sentimentos e ao intelecto – ou, em poucas palavras, à busca pelo equilíbrio e pela felicidade. Os jovens da geração Z, por exemplo, procuram sempre alinhar satisfação pessoal com trabalho e já não aceitam mais dedicar seus talentos a empresas que não admirem. Desejam alinhar sua filosofia pessoal com sua atividade profissional.[9] Para um número cada vez maior de profissionais (de todas as idades), o resultado financeiro é importante, mas não determinante.

Cada vez mais, perceberemos que menos é mais. Que é melhor consumir menos com mais qualidade e consciência do que acumular coisas. O foco será colecionar bons momentos com as pessoas amadas e fortalecer a consciência de que o tempo passado com pessoas queridas é o que vale mais. **Investir em experiências vencerá o costume de gastar com objetos. Enfim, as pessoas vão buscar ser a mudança que querem ver no mundo.**

Tudo isso soa bastante idealista, mas já pode ser observado no comportamento de muita gente. A chegada da Era de Aquário – que vem sendo antecipada e desejada desde os anos 1960 – traz uma realidade mais leve. Existe uma explicação para isso. Na Astrologia, o signo de Aquário é regido pelo elemento ar e vem encerrar a era de Capricórnio, regido pelo elemento terra e caracterizado como materialista. Basta observar o estilo de vida capitalista e consumista que dominou os últimos séculos e que trouxe poluição para o planeta e estresse crônico para as pessoas.

Parece que, finalmente, a humanidade está entrando em uma era mais arejada em pensamentos, sentimentos e aspirações. Outro indício, bem mais positivo, é o crescimento da meditação como atividade terapêutica diária. Toda essa energia de liberdade

---

[9] BRANDÃO, M. O que importa para a geração Z quando o assunto é trabalho? **Consumidor moderno**, 2 jun. 2022. Disponível em: https://www.consumidormoderno.com.br/2022/06/02/geracao-z-assunto-trabalho/. Acesso em: 22 ago. 2022.

que o ar nos traz, aliada à sua função nutritiva do corpo e da alma, nos faz crer que na nova era será possível desenvolver relações cada vez mais construtivas, arejadas, e sintonizar as pessoas a conceitos coletivos que conduzem a humanidade à evolução.

Novas ideias e ações inovadoras vão convergir e se contrapor aos conceitos ultrapassados, moldando novas maneiras de pensar e agir. Isso, sim, podemos chamar de "novo normal". Todas as verdades absolutas vão ser testadas e melhoradas. Estamos prontos para isso.

Basta ver a luta e as conquistas dos que defendem a diversidade e a inclusão. Todas as faixas etárias, tons de pele, gêneros e origens vêm se unindo no sentido de reclamar seu lugar nas estruturas de poder. Basta listar os heróis dos últimos séculos – de Marie Curie a Malala, de Zumbi dos Palmares a Nelson Mandela, de Lech Walesa a Barack Obama – todos mostram a força da diversidade e, além de terem sido agentes de transformação nas suas respectivas épocas, se tornaram inspiração para as gerações que os seguiram.

Existe um claro movimento global em direção à substituição de velhas verdades por novos conceitos. A influência pode ser de origem astronômica ou astrológica, mas seus resultados são facilmente perceptíveis na economia e na sociedade.

No extremo oposto do que pode ser considerado esotérico, a mudança de valores sociais e a preocupação ambiental tem sido parte importante da equação dos grandes investidores mundiais. Larry Fink, principal executivo da BlackRock, que é a maior gestora de valores do mundo, encarregada de gerenciar mais de 6 trilhões de dólares todos os dias do ano – volume financeiro equivalente a quatro vezes o PIB brasileiro – afirmou em sua carta anual aos CEOs que a "consciência está rapidamente mudando, e eu acredito que estamos à beira de uma reformatação fundamental das finanças". No mesmo documento, ele diz que o evidente risco ambiental está compelindo os investidores a revisar conceitos básicos sobre as finanças modernas. Baseado em diversas pesquisas realizadas pelo

Painel Intergovernamental da ONU em Mudanças Climáticas, pela McKinsey e pelo BlackRock Investment Institute, ele alerta para o impacto das mudanças no clima sobre o sistema global que financia o crescimento econômico.[10]

O mundo corporativo está cada vez mais consciente de que seu papel vai muito além de produzir. No Brasil, a atuação do Conselho Empresarial Brasileiro para o Desenvolvimento Sustentável (CEBDS), entidade que reúne cerca de noventa dos maiores grupos empresariais do país, com faturamento equivalente a cerca de 45% do PIB nacional e responsáveis por mais de um milhão de empregos diretos, tem uma conduta exemplar na busca pelo desenvolvimento econômico sustentável. Em meados de 2020, a entidade enviou uma carta ao governo brasileiro cobrando providências em relação à escalada do desmatamento na Amazônia e alertando para o fato de que a percepção internacional negativa em relação a esse problema teria impactos deletérios nos negócios.[11]

No mundo empresarial, as questões de desenvolvimento sustentável tem sido uma causa cada vez mais relevante. A rede do World Business Council for Sustainable Development (WBCSD), que conta com quase sessenta conselhos nacionais e regionais em 36 países e de 22 setores industriais, além de duzentos grupos empresariais que atuam em todos os continentes, se mobiliza para alertar governos sobre a importância da preservação ambiental, reforçando que a sustentabilidade é o caminho mais seguro para a riqueza.[12]

---

[10] FINK, L. Carta aos CEOs "Uma mudança estrutural nas finanças". **BlackRock**, [s.d.]. Disponível em: https://www.blackrock.com/br/larry-fink-ceo-letter#:~:text=Mas%20a%20consci%C3%AAncia%20est%C3%A1%20mudando,b%C3%A1sicos%20sobre%20as%20finan%-C3%A7as%20modernas. Acesso em: 22 ago. 2022.

[11] SETOR empresarial cobra agenda sustentável do governo brasileiro. **CEBDS**, 7 jul. 2020. Disponível em: https://cebds.org/setor-empresarial-cobra-agenda-sustentavel-do-governo-brasileiro/#.YwP-zOzMJhA. Acesso em: 22 ago. 2022.

[12] CIAFFONE, A. Produzir e preservar: grupos empresariais responsáveis por 45% do PIB brasileiro defendem crescimento sustentável. **CCBC**. Disponível em: https://ccbc.org.br/publicacoes/explore/sustentabilidade-marina-grossi/. Acesso em: 6 set. 2022.

Esse tipo de visão deixa claro que o sucesso financeiro está ligado ao bem-estar das pessoas e do planeta e se mostra sintonizado com uma visão mais humanista e ambientalista da atividade econômica.

As empresas precisam entender que sua existência é para avançar e melhorar a sociedade e não apenas fazer dinheiro. Elas precisam ter propósito. Se não for pelos motivos certos – visão de mundo, ética e respeito – que seja por razões mercadológicas. Afinal, os consumidores estão cada vez mais exigentes sobre a correção social e ambiental de tudo o que consomem. Em vários países, grupos de ativistas boicotam marcas que consideram predadoras e, por outro lado, escolhem comprar daquelas que atuam positivamente em relação a conceitos como diversidade, preservação ambiental, gestão do lixo, promoção de populações em risco econômico.

O ranking da Future Brands deixa claro que, para uma marca, tão importante quanto ter um bom produto e entregá-lo de maneira competente, é ter um propósito de dimensão social para garantir o seu futuro. Entre as mudanças trazidas pela nova era está o fato de que as pessoas pensando coletivamente têm mais poder do que qualquer corporação e do que a propaganda ilusória e vazia.

O mundo evoluiu para chegar até esse fim do ciclo. Claro que algumas pessoas estão mais preparadas que outras para a nova era. Mas não há como fingir que a mudança não está acontecendo. **Compaixão, ética, inclusão, ecologia e espiritualidade; essas são as palavras que vão reinar no novo ciclo.** A estrela de Belém de novo mostrou o caminho. Basta ter humildade e fé para segui-lo.

Feliz nova era!

> Pessoas pensando coletivamente têm mais poder do que qualquer corporação e do que a propaganda ilusória e vazia.

CAPÍTULO 4

Hippies: o impacto que mudou o mundo

O *flower power* continua a gerar efeitos, e a disrupção, sonhada nos anos 1960, se tornou realidade e se mantém como tendência de futuro graças aos hippies 2.0.[13]

É uma questão de física: as colisões sempre geram energia. As grandes podem mudar o mundo, encerrar eras inteiras. A extinção dos dinossauros prova isso. Não importa a força de uma criatura, um impacto forte o bastante pode mudar tudo e até aniquilar todo um ecossistema. Mas existem os pequenos choques, capazes de transformar apenas o que está ao redor. E há, ainda, as fricções, colisões menores e constantes, que também geram calor, desgaste e barulho.

Quando se pensa no movimento hippie dos anos 1960, há quem diga que foi uma fricção, um modismo colorido e que está superado. Muitos acreditam que foi uma colisão entre o *establishment* e uma nova abordagem em relação à vida, cuja energia gerada moldou uma geração. Mas há os que veem o movimento hippie como um daqueles meteoritos que atingem o solo com tanta força que provocam profundas mudanças, alterando as pessoas de modo que transforma

---

13 ROCHA, R. Como o movimento hippie ajudou empresas como Apple e Microsoft a prosperar. Época Negócios, 28 jun. 2019. Disponível em: https://epocanegocios.globo.com/colunas/noticia/2019/06/como-o-movimento-hippie-ajudou-empresas-como-apple-e-microsoft-prosperar.html. Acesso em: 3 set. 2022

o DNA de várias de suas atitudes. Toda essa reconfiguração que acontece no nível do indivíduo direciona as suas preferências enquanto consumidor e, quando isso ganha escala, determina as tendências no mundo dos negócios e da macroeconomia.

O meteorito que provocou toda essa mudança na geração dos *baby boomers* foi chamado de movimento hippie. Criada em 1948 pelo autor Jack Kerouac, essa definição sobre o estilo de vida da *beat generation* se espalhou pela literatura norte-americana na virada da década de 1950 por meio dos textos de John Clellon Holmes e Allen Ginsberg. Nos seus romances, os dois escritores falavam sobre comportamentos que colidiram com a estrutura de pensamento da classe média estadunidense – moralista, conformista e racista. Esses jovens autores buscaram inspiração no submundo, nos excluídos, nos boêmios, artistas e músicos – gente que levava um estilo de vida considerado perigoso, pecaminoso e decadente pelas tais "boas famílias", que criavam seus filhos para serem profissionais corporativos, dormirem cedo e acordarem com as galinhas.

Os jovens da geração *beat* abraçaram as drogas e resolveram *to live fast and die young*. Eles eram a raiz do inconformismo provocado pela consciência de que o destino preparado para eles por seus pais, professores e patrões era tedioso demais para ser encarado de "cara limpa". A fuga era a rebeldia e a busca por adrenalina – a mais lícita das drogas. Essa inquietude foi retratada no filme *Juventude transviada*, estrelado por James Dean. O ator, que era um símbolo sexual ambíguo, vivia na vida real vários dos excessos que interpretou no cinema. Acabou morrendo em um acidente de carro aos 27 anos e, com isso, se tornou um ícone desse modo extremo de viver. Essa geração era para os Estados Unidos o que os impressionistas tinham sido em Paris na virada do século XX.

Só que, tal qual o impacto de um meteoro na crosta terrestre, as ideias dos *beatniks* foram gerando consequências em ondas e mexendo com a cabeça dos jovens ao longo dos anos. Nas duas décadas que se seguiram, os conceitos *hippies* se integraram ao tecido moral da elite intelectual. As universidades na Califórnia, sobretudo as mais próximas de San Francisco, como Berkeley e Stanford, se tornaram espaços em que essas ideias se amplificaram até que se transformaram em um movimento ainda mais radical e amplo: o movimento *hippie* que floresceu em 1967 no chamado *summer of love*. Naquele verão, quase 100 mil pessoas foram à região de San Francisco – cidade onde nasceu o jeans, quase um século antes, em 1873, e que sempre foi conhecida por ser inovadora e um lugar de excessos, desde os tempos da Corrida do Ouro do século XIX. Só que no século XX, o ouro de San Francisco viria em outra forma. O que estava sendo garimpado no final dos anos 1960 e começo dos anos 1970 eram ideais que rompiam com os padrões – era a época do *flower power*.

Naquele momento, em 1967, era ali na Bay Area que tudo estava acontecendo. Houve protestos contra o Vietnã no campus de Berkeley. Também foi naquele verão que o movimento revolucionário afro-americano de Oakland, os Panteras Negras, marchou na capital do estado, portando armas, sem esconder isso de ninguém. Bandas como Grateful Dead, Jefferson Airplane e Big Brother e a Holding Company, liderada por Janis Joplin, se apresentaram no palco em locais como o Avalon e o Fillmore, sua psicodelia encharcada de ácido expressando as preocupações da contracultura – que iam do surrealismo ao sexo livre.

Naquele verão, os bailarinos Rudolf Nureyev e Margot Fonteyn (representantes máximos da cultura clássica amada pelo *establishment*) foram presos porque estavam em uma festa no bairro de Haight-Ashbury (o núcleo do epicentro do movimento *hippie*) invadida pela polícia. No local, os homens da lei encontraram cigarros de maconha. Na hora da prisão, Nureyev caprichou no deboche e fez um "jeté" para entrar no carro da polícia. Os bailarinos acabaram sendo soltos porque não havia provas de que eles tivessem fumado a droga.

A efervescência era enorme. Tudo era feito para deixar claro que aquela geração repudiava os valores da sociedade convencional com seu racismo, guerra e repressão. Era melhor construir realidades alternativas, e isso significava fazer o avesso do que as classes médias faziam – em todos os campos. Na moda, volumes diferentes, cores fortes, estampas berrantes, influência oriental, cabelos e barbas longas, repúdio à depilação. Na alimentação, comida não industrializada, natural, macrobiótica, vegetariana. Foi a época do surgimento do nudismo, da vida em comunidades, do amor livre. A luta era pela igualdade, preservação da natureza e contra a guerra e o militarismo.

Foi a época em que muitos descobriram as religiões orientais, passaram a buscar gurus e ganharam uma nova dimensão de espiritualidade. Várias seitas surgiram nesse período. A música foi um fator importante na mudança de comportamento. O álbum de 1967 dos Beatles, *Sargent Pepper's Lonely Hearts Club Band*, foi um chamado para a contracultura que atingiu tanto a América quanto a Europa. Duas semanas depois do seu lançamento em 1º de junho, foi tocado nos alto-falantes do Monterey Pop, possivelmente o primeiro festival de música – não por acaso, realizado na cidade litorânea do norte da Califórnia, pertinho de San Francisco.

Todo esse caldo da contracultura penetrou na mente dos acadêmicos e formou os valores de uma geração nascida nos anos 1950, os *baby boomers*, que mudaram a face do mundo dos negócios e a maneira de viver de todo o mundo. Ninguém pode negar que a Microsoft mudou a nossa sociedade. Pois bem, ela foi fundada em 4 de abril de 1975 por Bill Gates, nascido em Seattle em 1955, e Paul Allen, dois anos mais velho. Outra empresa que mudou hábitos, gerou novas estéticas e revolucionou a vida das pessoas foi a Apple, fundada em 1º de abril de 1976 por Steve Jobs, nascido em 1955 em San Francisco, e Steve Wozniak, que é de 1950. Além de terem crescido em um tempo e lugar em que as influências *hippies* eram fortíssimas, esses criadores frequentaram universidades que até hoje cultivam uma visão crítica em relação à sociedade.

Microsoft e Apple nasceram em garagens e foram fundadas por jovens cheios de potencial que preferiram largar os seus cursos universitários para empreender – atitudes consideradas bastante rebeldes nos anos 1970. Naquela época, o script para um jovem era conquistar um diploma, arranjar um emprego em uma multinacional, vestir um terno, fazer uma hipoteca, poupar para pagar a faculdade dos filhos e se aposentar.

Os filhos do movimento *hippie* não fizeram nada disso. Eles criaram uma série de produtos e serviços subversivos e desenvolveram culturas corporativas que desafiavam os modelos industriais clássicos. Inovação constante, estética, maneiras diferenciadas de encarar o trabalho, a proposta de uma nova relação com o consumidor, o empoderamento do indivíduo por meio do uso da tecnologia – tudo isso veio com essa geração alimentada pelas ideias dos *hippies*.

Os parâmetros criados por essas empresas serviram de exemplo para organizações com formatos e atitudes ainda mais distantes dos referenciais clássicos da administração e da economia estabelecidos no final do século XIX, na Segunda Revolução Industrial. A Apple fazia computadores e outros aparelhos, a Microsoft vendia seus programas em mídias físicas. As companhias que vieram depois não entregaram nada físico e nem por isso seus serviços e atuação foram menos poderosos. Pelo contrário! Google, Facebook, WhatsApp e Waze nunca entregaram algo físico e estão entre as empresas e marcas mais valorizadas do mundo, porque atuam de modo a melhorar a vida dos seus usuários. Elas empoderam as pessoas, quebram barreiras, aproximam os indivíduos, permitem que as ideias e a comunicação fluam para proporcionar o sentido de comunidade – algo tão importante para os *hippies*, que deploravam o individualismo – em suas operações.

Plataformas como Apple Store, AirBnB e Uber elevaram a cooperação e o sentido de compartilhamento a um novo patamar. Por isso, antes mesmo de dar lucro, o Uber teve um IPO tão badalado e esperado pelos mercados. O WhatsApp foi comprado pelo Facebook por 19 bilhões de dólares sem ter dado lucro em um balanço sequer. Era uma empresa com apenas 55 funcionários que colocou em xeque as grandes operadoras de telefonia – nada poderia ser mais subversivo e disruptivo. Tudo isso indica que estamos vivendo uma terceira fase do movimento hippie.

==Na verdade, boa parte das empresas e marcas mais valorizadas pelas pessoas ao redor do mundo realizam as aspirações hippies no sentido de serem baseadas nos valores de comunidade, compartilhamento, inclusão e acessibilidade.== Hoje em dia, mesmo as pessoas barbeadas e depiladas, que usam roupas cinzentas e estão mais preocupadas com a conta do cartão de crédito do que com o aquecimento global (que equivale ao fim do mundo) estão vivendo imersas na cultura hippie – sem se darem conta disso!

Cada vez mais, pessoas que estão ativas no mercado hoje adotam um comportamento ligado à inovação constante e, com isso, desafiam os limites e comportamentos atribuídos às suas gerações de origem. **Esses são os perennials – as pessoas que evoluem o tempo todo e estabelecem para a sua vida uma atitude de abertura irrestrita para o novo.**

Existe todo um estilo de vida baseado no consumo consciente e na busca pelo equilíbrio. Um reflexo disso está na disseminação, nos últimos vinte anos, da yoga como exercício físico e terapia para a alma. Pelo mundo todo, milhões praticam a antiga arte da yoga e da meditação para reduzir o estresse e evoluir espiritualmente. Outra linha de pensamento oriental que vem conquistando cada vez mais pessoas é a medicina tradicional chinesa que, muito antes da penicilina e dos equipamentos de raios-X e tomografia, chegava a diagnósticos e tratamentos baseando-se apenas na observação dos pacientes e em como sua energia fluía. Há cinco mil anos, os curandeiros chineses já pregavam que a saúde é resultado da conexão entre mente, corpo, espírito e meio ambiente.

Há muita coisa nova acontecendo no nosso mundo. A busca por autoconhecimento, inaugurada pelos hippies, vem afetando tudo e até está gerando uma nova maneira de encarar o trabalho.

Os profissionais querem mais do que receber seu salário no final do mês, eles desejam realizar um trabalho que tenha um significado para eles e para o mundo. Querem ser pessoas melhores e atingir o equilíbrio entre *high tech* e *high touch*. Essa atitude tem sido chamada de hippie 2.0 e está influenciando o modo de fazer negócios e a estrutura das empresas.

Uma pesquisa realizada em 142 países pela Gallup avaliou o engajamento dos trabalhadores e o resultado é que apenas 13% se sentem engajados.[14] No entanto, o The Energy Project descobriu que as pessoas têm três vezes mais chances de permanecer no trabalho, são duas vezes mais felizes e mais motivadas quando o trabalho é significativo.[15]

Para muitos, a grande onda do mundo do trabalho é trocar o emprego pelo empreendedorismo. Cada vez mais pessoas – de todas as idades – questionam a realidade corporativa para buscar um propósito, um sonho, e isso as leva abrir as próprias empresas de garagem.

Aliás, vale notar que as startups bem-sucedidas são chamadas de unicórnios – animal mitológico que tem tudo a ver com as visões oníricas dos hippies. Algumas das iniciativas empresariais de maior sucesso da atualidade são respostas aos sonhos do *flower power*. Por exemplo, a fabricante de automóveis Tesla, que surgiu para atender quem pagaria qualquer preço para usar energia limpa. Ou a Beyond Meat, companhia que tem como proposta oferecer proteína de origem vegetal com a estética de comida tradicional sem gerar impactos no ambiente. Com sua linha de produtos formada por hambúrgueres, salsichas e linguiças feitas de legumes, leguminosas e hortaliças, a empresa conquistou os vegetarianos porque respeitou a cultura gastronômica *mainstream*. Com isso, a empresa atingiu 5 bilhões de dólares em valor de mercado em 2019 – em um país de carnívoros ávidos como são os Estados Unidos.

---

[14] CRABTREE, S. & RIOS, J. Crescimento brasileiro poderia ter um empurrãozinho. **Gallup.** Disponível em: https://www.gallup.com/pt-br/175820/crescimento-brasileiro-empurr%C3%A3ozinho.aspx. Acesso em: 22 ago. 2022.

[15] THE ENERGY PROJECT. Disponível em: https://theenergyproject.com/. Acesso em: 28 ago. 2022.

Mas há outros comportamentos e atitudes que reforçam a existência de uma nova maneira de ser hippie: cada vez mais pessoas preferem usar transporte público e Uber a possuir um carro – algo que é um símbolo da Segunda Revolução Industrial. Na verdade, as pessoas querem possuir cada vez menos coisas físicas. A cultura vem sempre *on-demand*, por streaming, via Netflix, Spotify e Kindle. A mídia de massa está sendo confrontada por blogs e pelo YouTube. Nunca houve tanta oferta de comida orgânica e vegana quanto nos dias atuais. Produtos de alto impacto ambiental, como roupas em jeans, chocolate e carne de boi vem sendo objeto de escrutínio e de boicote por grupos de militantes ambientalistas, que também condenam os plásticos de único uso e chamam atenção para o crescimento de criptoativos como o Bitcoin, que consomem muita energia elétrica para o seu processamento.

Hoje, mais importante do que o sexo livre é exercer a sexualidade com liberdade. As pessoas podem tomar suas decisões em relação a gênero, e o Estado precisa abrir a cabeça para aceitar que o nome social vale tanto quanto o nome original colocado na certidão de nascimento. As famílias têm formatos os mais variados possíveis, e a religião se tornou uma decisão pessoal.

As pessoas querem liberdade, mas exigem responsabilidade de quem pretende lhes oferecer um produto ou serviço. Até a relação com as drogas e a psicodelia mudou radicalmente. Hoje, em vários locais do mundo – Holanda, Canadá, Califórnia, Colorado, Uruguai, a maconha é legalizada, vendida de maneira organizada e gera impostos para os governos.

Mais de cinquenta anos depois do *summer of love*, vemos que os hippies venceram. E mais: já dá para afirmar que seu impacto na Terra foi capaz de alterar a vida do planeta. Ainda existem alguns retrógrados que estão tentando resistir, mas o novo mundo criado pelos hippies – tanto os originais dos anos 1960 quanto os de hoje – é inexorável. Paz e amor!

> Boa parte das empresas e marcas mais valorizadas pelas pessoas ao redor do mundo realizam as aspirações hippies no sentido de serem baseadas nos valores de comunidade, compartilhamento, inclusão e acessibilidade.

CAPÍTULO 5
Construindo, desconstruindo, reconstruindo

> **Para inspirar as pessoas a darem o seu melhor e a evoluírem sempre, é preciso estar atento ao movimento cíclico de criação, destruição e renovação das mentalidades e conceitos – só assim as pessoas e as empresas podem crescer continuamente em qualidade.**

Desde 1998, transito no meio corporativo e, como gestor de marketing, passei a vida buscando entender melhor o comportamento humano dentro e fora da empresa. Há décadas, meu trabalho tem sido gerir pessoas, realidades e expectativas. Nesse tempo todo, percebi que os indivíduos são a soma de suas realidades e expectativas e que seu nível de felicidade reflete a gestão que fazem dessas duas grandes forças.

Todos vivemos entre a realidade e a expectativa. O mais interessante é que, como na figura do Yin e Yang, essas duas forças estão em eterna tensão e buscam o equilíbrio de maneira incessante. Afinal, no mais profundo âmago de uma, há um pouco da outra. Ou seja, no coração de qualquer realidade, está a expectativa que a gerou. E o contrário também é verdadeiro: não há expectativa válida que não seja baseada em fatos reais.

Realidade pura, sem uma pitada sequer de expectativa, é tediosa e perigosa porque pode levar ao cinismo, à letargia e à infelicidade. Já a expectativa desprovida de algum toque de realidade é angústia em estado bruto, podendo acarretar delírio, dispersão, loucura e decepção. Portanto, gerir realidades e expectativas deve estar sempre no topo das prioridades de cada indivíduo.

Minha realidade sempre foi gerir pessoas e, com o tempo, criei a expectativa de poder traduzir meus aprendizados. Acredito que a melhor maneira de multiplicar energia é compartilhando conhecimentos.

A vida é como um prato de canja. Todos os elementos estão misturados em um mesmo caldo. Para alguns, o resultado é uma maçaroca branquela e insossa – uma verdadeira condenação. Mas há aqueles que levam a vida com intensidade e alegria, a sua canja é nutritiva e atraente, uma festa de cores, texturas e sabores — estou falando de pedaços de frango suculentos que passaram uma noite marinando, arroz com sete grãos, cubinhos crocantes de cenoura, ervilhas verdinhas, tudo muito bem temperado com alho, cebola, louro, pimenta do reino, páprica e outras especiarias. Agora, dê um passo para trás e observe um ingrediente de cada vez. Pense na sua origem, no que foi feito antes de ele ir para a panela e ser misturado aos outros. Para que o resultado do todo seja realmente apetitoso, cada um dos ingredientes precisa ser tratado com o devido cuidado. Se um for negligenciado, o conjunto sofre.

Pois bem, o que na receita da canja é chamado de ingrediente, na receita das nossas vidas eu chamo de modelo operacional. Pense que sua vida é o conjunto coordenado de vários universos: físico, afetivo, profissional, espiritual, esportivo, financeiro, artístico, criativo. Eles compõem um todo, e esse todo é o que alimenta a sua alma. Se cada ingrediente – ou modelo operacional – for respeitado e valorizado, o resultado é saúde, satisfação e prazer.

Chamo os setores da nossa vida de modelo operacional porque em cada uma dessas áreas as coisas funcionam de determinada maneira, seguem um padrão de operação. No corpo humano é assim: o sistema digestivo tem sua dinâmica e seus órgãos, o sistema circulatório, idem. Embora, os órgãos, processos e as funções sejam diferentes, o mau funcionamento de um fator de um sistema atrapalha a saúde geral. A boa notícia é que sempre pode haver cura, porque os modelos operacionais são passíveis de atualização pelo seu gestor.

Chamo essas dinâmicas da vida de modelos operacionais para lembrar sempre que:

- Eles são a combinação de conceitos e ações que muitas vezes assumimos de maneira automática;
- Como são modelos – isto é, um conjunto de elementos –, podem ser escolhidos, melhorados, modificados ou descartados;
- Porque se pressupõe que qualquer coisa que é operacional possa ser operada por alguém – pode receber diferentes direcionamentos conforme quem estiver no controle. Ou seja, cada área de sua vida pode – e deve! – funcionar de acordo com o seu livre-arbítrio.

Mas agora vem a questão: você sabe o que quer para cada modelo operacional da sua vida? Lembre-se da canja: você sabe qual é o sabor, a textura e o aroma que você quer para cada ingrediente da sua vida?

O fato é que a maioria das pessoas não sabe.

Muitos adquirem modelos operacionais de outras pessoas – pais, professores, chefes, amigos, parceiros e até esportistas ou artistas que admiram – e não se perguntam se estão satisfeitos com o pacote de conceitos e dinâmicas que compõem o seu modelo operacional. Grande parte segue o padrão automático.

Frequentemente não temos uma noção clara das nossas expectativas, da realidade que desejamos. Muitas vezes não temos modelos mentais muito bem-definidos e assumimos como nossos os modelos de outras pessoas que nos cercam. Ser influenciado é tão comum que hoje até existe a atividade (muito bem remunerada, diga-se de passagem) de "influenciador digital", o que prova que há uma demanda das pessoas em buscarem o que querem ou gostam fora de si mesmas.

Em vez de preparar a própria canja, preferem comprar pronta. É mais fácil. Até que um dia você percebe que tem horror à cenoura cozida demais, que prefere a leguminosa mais crocante e que, na sopa pronta, ela está destituída de sabor, e isso faz o seu apetite diminuir até desaparecer. Quando se descobre um ingrediente que não está bom, é preciso investigar.

É provável que seu modelo operacional tenha sido construído por:

- **INDOUTRINAÇÃO:** é quando uma criança é influenciada a seguir ideias ou um sistema de crenças de maneira completa, sem dar espaço para os seus questionamentos ou sentimentos em relação ao assunto. Por isso, é muito importante darmos liberdade para que nossos filhos tenham uma visão do todo;
- **QUERER PERTENCER:** sobrevivemos melhor se somos parte de uma tribo. E a polarização das opiniões reforça a necessidade das pessoas de se reconhecerem como parte de um grupo – a ponto de terem medo de expressar suas ideias para não serem excluídas pelos seus pares. As pessoas escolhem a tribo para se sentirem seguras;
- **AUTORIDADE:** pessoas podem influenciar milhões de pessoas por autoridade. Os seguidores não costumam questionar ordens, e obedecem mesmo contra seus próprios interesses. Soldados que vão para a guerra são o exemplo clássico: podem até não concordar com as razões da guerra, ainda assim colocam a própria vida em risco;
- **IMITAÇÃO:** abrir mão de tomar uma decisão partindo de raciocínio próprio e simplesmente imitar outra pessoa é tomar um

atalho na jornada da decisão. O indivíduo segue a rotina, vai com a manada e faz tudo de maneira automática, sem visão crítica. Modismos e a publicidade são fontes recorrentes de comportamentos por imitação;

- **INSEGURANÇA INTERNA:** por insegurança, criamos visões ilusórias do que é o mundo. Muitas vezes, uma pequena insegurança se torna um catalisador para questionamentos mais amplos, e pode abrir as portas para sensações quase paranoicas. Por exemplo, o sujeito manda um e-mail para o chefe, e ele não responde no mesmo dia, aí o cidadão já começa a achar que fez algo errado e começa a rever suas ações e a projetar rejeição ao seu trabalho. Rapidamente, ele se vê desempregado, morando debaixo da ponte. Mesmo que tudo isso seja ilusório, gera muito desgaste emocional.

Os modelos operacionais são poderosos, mas podem ser alterados. Lembre-se: cada indivíduo está na cabine de operação e pode redirecionar cada setor da própria vida. Você só precisa se lembrar disso e reconhecer quando o seu modelo operacional foi construído por indoutrinação, desejo de pertencimento, submissão a autoridade, imitação ou insegurança.

Na vida real, não atuar de modo proativo na direção dos seus modelos operacionais pode acarretar muitas situações de estresse e infelicidade. Acontece quando entramos em um curso universitário que não consegue nos motivar, ou quando trabalhamos em uma empresa com valores que não combinam com os nossos, ou seguimos em um relacionamento só para não ficar sozinhos ou por medo de nos decepcionar novamente.

Percebi a força de nos colocarmos na direção dos nossos próprios modelos operacionais antes dos 20 anos. Influenciado pelo meu pai, prestei vestibular para Administração. Entrei e não consegui encontrar motivação no curso, mas, como não queria decepcionar ninguém,

> Seja um programador da sua vida. Atualizar periodicamente o seu modelo operacional é importante.

continuei, afirmando que estava tudo bem. Foram dois anos assim. Minha falta de entusiasmo, porém, se traduzia em estagnação. Não estava aprendendo nada nem evoluindo. Até que um dia não aguentei mais. Tive uma conversa muito difícil com meu pai – uma das mais duras que já tive. Falei que estava infeliz e que não queria terminar o curso de Administração. Eu queria fazer Publicidade. Estudei, prestei outro vestibular e mudei para Publicidade e Marketing. Tudo passou a fluir. Ia para faculdade e assistia às aulas com gosto. Minha carreira evoluiu. Alcancei um cargo em marketing de atuação global em uma das maiores empresas do mundo no seu segmento.

Hoje sei que, ao analisar um dos modelos operacionais da minha vida e encarar a necessidade de mudança, eu consegui alterar a minha realidade. Na lógica, o modelo operacional sugerido pelo meu pai – o curso de Administração – era ótimo. Na prática, entretanto, não me servia, porque não me fazia feliz. Tomei uma atitude de seguir a minha vida. De criar meu próprio modelo operacional, de desenvolver minha própria receita.

Olhe para cada área da sua vida e identifique como ela está funcionando. Descubra qual é o modelo operacional das suas finanças, da sua carreira, dos seus relacionamentos, do seu entretenimento, da sua saúde. Pense em outros modos de arrumar as coisas. Seja bem crítico. Analise os cenários. Desconstrua. Particularmente, eu gosto do modelo: construção, destruição, reconstrução.

Atualizar modelos operacionais pode ser uma iniciativa que brota da alma, de um desejo irresistível de rejeitar algo que incomoda ou da consciência de uma insatisfação. Mas também pode ser uma demanda do mundo exterior. Às vezes, a realidade exige que a pessoa reveja seus modelos operacionais.

Profissões que antes eram consideradas de pouco prestígio, hoje são celebradas. Conheço um engenheiro na faixa dos 50 anos que é um excelente cozinheiro amador. Poderia ter sido um chef de renome, mas o modelo operacional que tinha sido incutido na sua mente por sua família é o de que homem de classe alta precisa ter um diploma, ser médico, engenheiro ou advogado, e não faz serviços domésticos para outras pessoas. Seguir uma carreira na cozinha seria uma vergonha. Hoje os chefs são celebridades. Essa é mais uma evidência de que modelos operacionais herdados de outras gerações podem induzir as pessoas a erros monumentais. Ah! Esse engenheiro jamais encontrou satisfação em sua profissão e a exerceu por muito pouco tempo, sendo cozinheiro apenas nos fins de semana.

Por outro lado, há atividades que estão cada vez menos viáveis. Imagine um técnico superespecializado em consertar aparelhos de fax. Ou alguém que não admite diversidade étnica, credo ou gênero. Ou que se recusa a usar processos on-line. O apego a verdades antigas é prejudicial. Pessoas com modelos operacionais ultrapassados precisam enfrentar a realidade de que seus referenciais já não têm espaço no mundo de hoje e buscar alinhá-los com os novos tempos.

Tem muita gente no mundo que está infeliz e precisa rever os seus modelos operacionais. Algumas evidências deixam isso claro. Por exemplo, de 1970 a 2008, o número de divórcios no mundo praticamente dobrou[16] – modelos operacionais afetivos que estavam equivocados ou que não progrediram na mesma direção. De acordo com uma pesquisa publicada pelo jornal Extra em 2020, no Brasil, 90% das pessoas estavam infelizes no trabalho.[17] Outros estudos apontam que as pessoas se desatualizam nas suas profissões porque, depois que saem da faculdade, não têm motivação para continuar a estudar[18] – afinal, só quem tem paixão por um assunto se mantém

---

[16] DEPAULO, B. Divorce rates around the world: a love story. **Psychology Today**, 3 fev. 2019. Disponível em: https://www.psychologytoday.com/us/blog/living-single/201902/divorce-rates-around-the-world-love-story. Acesso em: 29 ago. 2022.

[17] CARDOSO, L. No Brasil, cerca de 90% estão infelizes no trabalho. **Globo Extra**, 17 jun. 2018. Disponível em: https://extra.globo.com/economia-e-financas/emprego/no-brasil-cerca-de-90-estao-infelizes-no-trabalho-22780430.html. Acesso em: 22 ago. 2022.

[18] BROWN, G. Learning shouldn't stop when you graduate. Here's how to keep it up. **Rewire**,

ativo, criativo e interessado em fazer aquela profissão evoluir. As insatisfações mexem com a cabeça e podem até ter efeitos sobre o corpo ou vice-versa. Hoje, 2,1 bilhões de terráqueos são obesos[19] – isso significa 30% da população do planeta – e, em geral, o excesso de peso está relacionado a modelos operacionais que precisam ser redirecionados como hábitos alimentares, relação com atividade física, autoestima etc.

Nós aplicamos rótulos em nós mesmos o tempo todo. Precisamos rever isso! O tempo muda as realidades, e você precisa mudar também. Reajuste suas expectativas e persiga novas realidades – o contrário também vale: persiga as expectativas e reajuste as realidades. **Seja um programador da sua vida. Atualizar periodicamente o seu modelo operacional é importante.**

Para entender bem o que está dando certo e o que deve ser mudado é preciso não ter medo ou preguiça de desconstruir. Mudar é difícil, pois é um movimento de desconstrução, mexe com a sua identidade. Mas não se pode construir um prédio em cima de outro. É necessário derrubar tudo, olhar com coragem para aqueles entulhos, limpar a área e começar uma nova construção. A desconstrução pode doer. Afinal, não é fácil descobrir que você não é quem você achava que era e que seus objetivos nem eram seus.

Se for essa a sua conclusão, não tem problema! Na verdade, você está começando a solução. O mundo é dinâmico e está em constante transformação. Você também precisa estar. Construção, destruição e reconstrução é um processo necessário e que deve ser contínuo. A cobra troca de pele para poder crescer. Nós precisamos fazer um update no nosso modelo operacional para podermos crescer.

---

6 jun. 2019. Disponível em: https://www.rewire.org/learning-after-graduation-keep-it-up/. Acesso em: 29 ago. 2022.

[19] MAIS de 30% da população mundial é obesa, diz estudo. **R7 Saúde**, 13 jun. 2017. Disponível em: https://noticias.r7.com/saude/mais-de-30-da-populacao-mundial-e-obesa-diz-estudo-13062017. Acesso em: 22 ago. 2022.

Seja meticuloso. Analise cada um dos seus modelos operacionais. Lembre-se de que a receita é a soma dos ingredientes que você escolher e que o sabor é resultado de como você trata cada ingrediente. Para que sua vida seja saborosa, é preciso dedicar atenção a cada setor, descobrir o que você quer de cada um e colocar energia na preparação.

Apresento a seguir um modelo que utilizo na minha vida todos os anos. Ele funciona muito bem comigo e acredito que possa ser útil para você também:

- Selecione os modelos operacionais que considera importantes na sua vida. Exemplo: financeiro, família, saúde, espiritual, carreira etc.;
- De zero a dez, como você avalia cada um de seus modelos operacionais?
- Desconstrua seus modelos operacionais e tente entender a razão de estar indo bem e o motivo pelo qual alguma coisa não está indo bem;
- Programe o seu novo modelo operacional: como você acredita que ele precisa ser? Defina três metas para cada um, a fim de atingir essa nova versão atualizada e melhorada.

CASO PREFIRA IMPRIMIR, ACESSE O EXERCÍCIO NO QR CODE AO LADO.

> O mundo é dinâmico e está em constante transformação. Você também precisa estar.

CAPÍTULO 6
Ecossistemas de negócios

Para uma empresa, ser grande não garante a sobrevivência a longo prazo; as últimas décadas provaram que a agilidade em acompanhar as transformações do mercado é mais importante do que o tamanho.

Das quinhentas empresas listadas pela revista *Fortune* em 1955 como as maiores empresas em faturamento, apenas 12% ainda existem sessenta anos depois[20] – ou seja, 61 companhias. As outras 439 tiveram um destes três destinos: faliram, foram adquiridas por outras em processos de fusão ou encolheram e deixaram de estar entre as quinhentas maiores. Cada história, com grau maior ou menor de dramaticidade e melancolia, nos inspira a refletir sobre as engrenagens desse moinho chamado tempo e seus efeitos sobre a dinâmica das empresas do passado e do presente, e nos faz pensar em estratégias para garantir o futuro.

O desaparecimento das empresas é chamado por Werner Sombart e Joseph Schumpeter de "destruição criativa" e implica o conceito de que o capitalismo destrói e reconfigura as ordens econômicas

---

[20] PERRY, M. J. Fortune 500 firms 1955 v. 2016: only 12% remain, thanks to the creative destruction that fuels economic prosperity. AEI, 13 dez. 2016. Disponível em: https://www.aei.org/carpe-diem/fortune-500-firms-1955-v-2016-only-12-remain-thanks-to-the-creative-destruction--that-fuels-economic-prosperity/. Acesso em: 29 ago. 2022.

pré-existentes; no processo, desvaloriza a riqueza que existia para abrir caminho para um novo tipo de riqueza. Essas visões, influenciadas pela ideologia marxista, foram objeto de debate pelos acadêmicos ao longo de toda a segunda metade do século XX.

Entretanto, em vez de analisar a sobrevivência das organizações por um viés ideológico, prefiro observar pela ótica biológica. Isto é, analisar quais foram as forças de "seleção natural" darwinianas que permitiram que 61 empresas, de um total de 500, conseguissem se manter fortes ao longo dos sessenta anos mais disruptivos da História.

Quando olhamos a lista, vemos que boa parte das sobreviventes tem na inovação tecnológica sua razão de existir. Em corporações como 3M, Abbott, ATT, Avon, Boeing, CBS, Coca-Cola, DuPont, GE, GM, IBM, Johnson & Johnson, Kellogg's, Kraft, Lear, Lockheed, Monsanto, PepsiCo, Pfizer, Procter & Gamble e Whirlpool, o processo de jogar fora o ultrapassado e investir na descoberta de novos caminhos faz parte do seu DNA. Em todas elas, a busca por fazer mais e melhor, por se manter à frente dos seus concorrentes é constante. Em outras palavras, essas empresas incorporam a destruição criativa a seus processos como uma maneira de buscar a evolução.

Esse impulso evolutivo está alinhado com as descobertas de Charles Darwin:[21] os indivíduos mais adaptáveis têm melhores chances de sobreviver e perpetuar seus genes por meio de descendentes, que já nascem mais adaptados, do que os indivíduos que não conseguem se ajustar ao ambiente. Darwin defendia que a evolução das espécies se dá por meio de mutações que, com o passar das gerações, vão se definindo como características de adaptação ao ambiente. Por isso, felinos que moram em ambientes diferentes têm pelagem, mandíbula e hábitos diferentes, embora tenham os mesmos ancestrais. Leões, tigres, onças, pumas, jaguatiricas e linces são parentes, mas cada um se adaptou a um ambiente. Foi isso que aconteceu com as empresas que se mantiveram na lista da *Fortune 500*.

---

[21] DARWIN, C. **A origem das espécies**. São Paulo: Martin Claret, 2014.

Se olharmos de perto, as que estavam no mesmo setor precisaram se manter em constante evolução para não serem engolidas por suas concorrentes mais diretas. Por exemplo, no mundo dos laboratórios, estão na lista Abbott, Bristol-Myers Squibb e Pfizer. Todos tiveram de se mover rápido para fazer frente aos concorrentes. Graças a isso, se mantiveram investindo em pesquisa e desenvolvimento de novos produtos, e essa corrida evolutiva permitiu que se perpetuassem na lista.

Mesmo em setores aparentemente mais comoditizados, como o de produtos alimentícios, porém, vemos que um ambiente competitivo é muito saudável e ajuda na preservação das organizações entre as mais ricas e poderosas. Na lista da *Fortune*, se mantiveram ao longo dos últimos sessenta anos empresas como Campbell Soup, Coca-Cola, Hershey, Kellogg's, Kraft Foods e PepsiCo – todas vivendo em intensa competição e sempre muito integradas com seus consumidores. Para sobreviver, cada uma aperfeiçoou suas capacidades, o que lhes deu a força necessária para perdurar.

Um exemplo dessa mecânica é a Coca-Cola, gigante das bebidas gaseificadas baseadas em xarope, que, na virada do milênio, percebeu uma tendência ao consumo de bebidas mais saudáveis, como chás, sucos, água de coco e águas em geral.[22] Rapidamente, a multinacional começou a adquirir, em vários países, empresas que produziam o que as pessoas queriam beber e usou o seu poder de distribuição para aprofundar a tendência das bebidas saudáveis ao mesmo tempo em que garantia sua presença em nichos de mercado em que não competia ou tinha presença discreta. Com isso, ela mudou o cenário do mercado de bebidas e criou uma nova correlação de forças. Esse tipo de atitude "mutante" é recorrente nas empresas que souberam se manter líderes de seus mercados ao longo das últimas seis décadas.

---

[22] VEROTTI, A. Menos açúcar, mais tecnologia: Coca-Cola aposta em edições limitadas para conquistar Millenials. **Isto é Dinheiro**, 8 abt. 2022. Disponível em: https://www.istoedinheiro.com.br/menos-acucar-mais-tecnologia-coca-cola-aposta-em-edicoes-limitadas-para-conquistar--millenials/. Acesso em: 3 set. 2022.

No setor de aviação, em que o desenvolvimento tecnológico é o diferencial mais determinante para o sucesso de uma empresa, permaneceram na lista Boeing, Lear e Lockheed Martin. Cada uma buscou aprofundar suas habilidades para atender demandas específicas. Essa segmentação é recorrente na natureza. As espécies se adaptam para serem eficientes em seus respectivos habitats. Ursos pardos sabem subir em árvores, ursos polares são excelentes nadadores, ursos panda comem bambu. Mais do que ter essas habilidades, cada espécie adaptou seus sistemas biológicos tanto para ter mais eficiência na coleta de alimento como internamente, para melhor aproveitar os nutrientes que cada ecossistema fornece. Com as empresas desse setor ocorreu exatamente isso. Uma se concentrou nos grandes aviões de passageiros, outra em jatos executivos, e a terceira, em turbinas.

Presente na lista *Fortune 500* desde 1955, a International Business Machines Corporation, mais conhecida como IBM, é o exemplo mais emblemático de empresa que passa por mutações constantes em seu DNA. Isso se relaciona com a própria dinâmica do setor de tecnologia da informação, que é regida pelos saltos evolutivos rápidos descritos pelo que ficou conhecido como Lei de Moore. Em 1965, o então presidente da Intel, Gordon E. Moore, fez a previsão de que o número de transistores dos chips dobraria a cada dezoito meses, com o mesmo custo de produção.[23] Essa previsão se concretizou e fez com que todas as empresas que atuam no setor de tecnologia buscassem criar musculatura em pesquisa e desenvolvimento de novos produtos para acompanhar esse ritmo frenético de crescimento.

Só que o ritmo acelerado de desenvolvimento acabou transcendendo as fronteiras do setor. Tal qual acontece nos ecossistemas naturais onde, quando uma espécie muda de hábitos impacta todo o conjunto, no mundo dos negócios a mudança evolutiva de uma organização impacta empresas de setores muito diferentes.

---

[23] CIPOLI, P. O que é a lei de Moore? **Canaltech**, 7 mai 2012. Disponível em: https://canaltech.com.br/mercado/o-que-e-a-lei-de-moore/#:~:text=Em%20abril%201965%20o%20então,o%20mesmo%20custo%20de%20fabricação. Acesso em: 3 set. 2022.

> As mutações alteram os ecossistemas de negócios e o novo ambiente propicia mais saltos evolutivos.

Quando a Apple criou o iTunes e depois a AppStore, ela mudou todo o cenário porque, ao viabilizar uma maneira fácil de vender aplicativos, fez com que o negócio dos desenvolvedores ganhasse viabilidade. Essa mudança de cenário impactou todo o mercado de tecnologia, mas teve eco em setores bem distantes. Por exemplo, em tese, o sujeito que vive de vender cachorro-quente não tem nada a ver com a movimentação dos desenvolvedores de aplicativos, certo? Errado. Bastou alguém criar um aplicativo de pedir comida para que o processo de distribuição desse sujeito mudasse também. Se o dono do "dogão" não se informatizar nem acompanhar as mudanças no mercado, vai perder as vendas por aplicativo. Só que esse tipo de venda exigirá que ele adapte o seu produto para a entrega. Talvez mande complementos em recipientes separados ou precise adaptar as receitas para o transporte. Ou seja, a transformação nos aplicativos provocou a evolução do cachorro-quente como produto.

O aplicativo brasileiro iFood, por exemplo, vem sendo responsável por saltos evolutivos notáveis na cadeia produtiva de alimentação fora de casa. Criado em 2011, inicialmente como uma central telefônica de pedidos de comida chamada Disk Cook, a empresa passou pela sua primeira mutação em 2012, quando passou a receber pedidos pelo site e pelo aplicativo que tinha versões Android e IOS. Conforme ia se capitalizando por meio de investimentos de *venture capital*, a empresa fez aquisições e alianças estratégicas focadas em atender à demanda dos usuários por praticidade.[24]

À medida que a tecnologia dos smartphones avançava e as pessoas tinham melhor acesso a ela, a empresa se fortalecia tanto em termos de informática e inteligência artificial quanto de logística para atender aos pedidos. Em 2015, atingiu o seu primeiro milhão de pedidos e, seis anos depois, em 2021, atingiu 60 milhões de pedidos entregues por mês. Com presença internacional na Colômbia, e

---

[24] PENSOU iFood, pensou na FoodTech referência na América Latina. *iFood*. Disponível em: https://institucional.ifood.com.br/ifood/. Acesso em: 3 set. 2022

ativo em 1,2 mil cidades brasileiras, o iFood criou seu próprio cartão de benefícios e hoje concorre com marcas como Ticket Refeição, do grupo de origem francesa Accor, que foi pioneiro no Brasil com esse tipo de produto nos anos 1970, e Vale Refeição (VR) também presentes no mercado há décadas.

A agilidade com que o iFood se adapta aos imprevistos foi testada em larga escala durante os primeiros tempos de isolamento social na pandemia de covid-19, quando o número de pedidos de entrega cresceu mais de 250% do dia para a noite. Outro ponto importante foi sua capacidade de impactar a mentalidade dos empreendedores e empresários do setor de alimentação. Só em 2021, a presença de pequenos e médios restaurantes na plataforma aumentou 27%, fazendo com que o total de negócios pequenos e médios represente 84% dos mais de 270 mil estabelecimentos cadastrados. Isso significa uma subversão importante do modelo vigente, porque dá maior visibilidade para quem não tem como investir em propaganda.

A Apple talvez seja um dos exemplos mais representativos do poder que um DNA empresarial mutante tem de alterar os mercados. Por exemplo, quando a Apple lançou o iPod, ela mudou o mercado de eletroeletrônicos reprodutores de música, seu mercado imediato, mas mudou também o modo de distribuição de música com o iTunes. Ou seja, impactou as até então superpoderosas gravadoras. Isso sem falar na mudança de comportamento do consumidor que seguiu a esse lançamento.

Cinco anos depois, a empresa, ainda sob o comando do seu fundador, Steve Jobs, lançou o iPhone, que é a união de um telefone celular, com um canal de acesso com a internet, com um iPod e com uma câmera fotográfica. Com esse lançamento, Steve Jobs mudou o mercado de telefonia móvel, acelerou a necessidade das operadoras de celular de prover um bom serviço de internet, mexeu novamente com o mercado de música, impactou o mercado de fotografia, gerou maiores oportunidades para as redes sociais e ampliou as possibilidades dos criadores de aplicativos. Todas essas mudanças provocaram revoluções no comportamento dos consumidores e seguiram alterando os cenários dos mais diversos mercados.

Por exemplo, as câmeras conectadas às redes sociais mudaram a disseminação das informações de moda, o que alterou a dinâmica das redações das revistas de moda, permitiu o crescimento da influência das blogueiras e mudou a destinação de verbas de publicidade. Mas as transformações continuam: os desfiles acontecem e de imediato as propostas já são vistas e absorvidas pelos designers e confeccionistas, e essa nova agilidade alterou o ciclo produtivo do mundo da moda.

Lançamentos disruptivos como o do iPhone, capazes de transformar vários mercados, também propiciam a fusão de diferentes ecossistemas. Hoje, o ecossistema de fotografia está unido ao de telefonia, e a produção de notícias e o consumo de entretenimento também passaram a fazer parte do mesmo ecossistema. Nas ciências naturais, o nome que se dá para esse ambiente de transição entre diferentes habitats é ecótono, que acaba tendo uma população peculiar também. Hoje, graças às mudanças contínuas, cada vez mais atividades vivem no ecótono e precisam se manter em constante adaptação.

Um exemplo de empresa que está confortável no ecótono é a Netflix. O negócio de downloads de conteúdo foi além de tirar do mercado uma gigante da locação como a Blockbuster; ele atingiu também o mercado dos canais de televisão por assinatura e até o de produção de conteúdo. Quando a Netflix começou a produzir conteúdo próprio, alterou um cenário que há mais de cem anos vinha sendo povoado por gigantes como Warner, Fox, Universal e Disney, e que havia sofrido a última inclusão com a chegada da HBO há duas décadas. Nos ecossistemas existe uma lei clara: quando um novo animal é introduzido, em geral ele não tem predadores, o que permite que ele se alastre rapidamente até que seu lugar na cadeia alimentar se consolide. Assim, vemos a atuação dos mutantes no mercado de produção de ficção.

Os impactos vão além e atingem também o mercado de publicidade, causam alterações no mapeamento do público-alvo de diversos produtos e até mudam a correlação de forças em mercados bem distantes do mundo artístico, como, por exemplo, o das empresas que distribuem internet em banda larga.

Tudo isso mostra que as mutações alteram os ecossistemas de negócios e o novo ambiente propicia mais saltos evolutivos. Vale lembrar que os indivíduos da mesma espécie são 99% iguais uns aos outros. O que provoca as diferenças está no 1%. Esse é o território onde as mutações ocorrem, e graças a elas somos únicos, especiais e mais aptos para enfrentar as mudanças de ambiente. É importante, entretanto, ter em mente que mudar deve fazer parte de um sistema maior e ter um propósito e relevância bem claros. Sem isso, a empresa corre o risco de que a "mutação" não dê certo.

Diante do processo evolutivo cada vez mais acelerado que a sociedade, o mercado e as organizações vêm experimentando desde que Moore fez sua previsão, o que se percebe é que empresas que permitem que a criatividade flua com maior facilidade tendem a ser também as que conseguem se manter bem-sucedidas ao longo das décadas. Um bom exemplo disso é a General Motors, empresa que se manteve na lista da *Fortune 500* desde 1955. A despeito de ser uma gigante mundial, a montadora adotou uma série de procedimentos internos que se traduzem em empoderamento dos colaboradores dos mais diversos níveis ao mesmo tempo em que investe muito em pesquisa, desenvolvimento e design.

Para facilitar a captação de inputs sobre os desejos dos consumidores, Edward Welburn, que foi o vice-presidente mundial de design da montadora de 2003 a 2016, criou sete centros de design ao redor do planeta – inclusive um no Brasil, especializado em carros compactos. A sua intenção com a descentralização era eliminar

> **Mudar deve fazer parte de um sistema maior e ter um propósito e relevância bem claros.**

barreiras burocráticas e distorções culturais para otimizar os talentos criativos das equipes. Em entrevista, ele explicou que cada cultura tem uma visão sobre design, que é fruto da sua vivência, e pessoas de culturas diferentes poderiam não compreender as propostas locais. Por exemplo, o Brasil é bom em carros compactos, só que suas propostas podem não cair no gosto dos norte-americanos, que gostam de carros maiores. E o contrário também é verdadeiro, determinados padrões internacionais aqui não são particularmente apreciados. Ao comparar laranjas com laranjas e maçãs com maçãs e dar o devido valor a cada expertise, Welburn também protege o ego dos talentos dos diferentes times, mantendo-os motivados.

Essa preocupação com o humor dos colaboradores é fundamental para que as empresas mantenham a energia criativa e o entusiasmo pela inovação e continuem sempre se renovando internamente. Isso ajuda a reter os talentos, algo que é determinante para a preservação da companhia. Quando essa questão "ambiental" não é observada, os talentos fazem como os bichos e saem daquele habitat em busca de pastos mais verdes e água em abundância. Essa fuga das melhores mentes é um dos problemas mais sérios que uma empresa pode enfrentar, porque equivale ao empobrecimento dos seus ativos criativos. Organizações que não cuidam da retenção de talentos acabam passando pelo "darwinismo reverso", ou seja, os melhores e mais capazes vão embora e a organização fica com os colaboradores menos motivados e mais acomodados, que jamais vão lutar por inovação nem liderar saltos evolutivos.

Muitos desses executivos não fazem por mal, eles apenas acreditam em um arquétipo desatualizado do que deve ser um profissional no mundo corporativo. No clássico *O pequeno príncipe*,[25] de Antoine de Saint-Exupéry, o garoto vai visitar o planeta do Homem de Negócios e encontra lá um sujeito mal-humorado que vivia contabilizando coisas que ele nem sabia exatamente o que eram – eram

---

[25] SAINT-EXUPÉRY, A. *O pequeno príncipe*. Rio de Janeiro: HarperCollins, 2018.

as estrelas – em um movimento repetitivo infinito. Esse tipo de "homem de negócios" é o que destrói o coração criativo das empresas e impede sua evolução.

Hoje, a estrutura corporativa exige profissionais comprometidos, mas também proativos e capazes de enxergar o mundo de maneira mais abrangente. O Pequeno Príncipe disse ao Homem de Negócios que achava importante ser útil às coisas que possuía. Aí tem um grande recado para todos os profissionais: é importante ser útil ao emprego que se possui, é fundamental ajudar a empresa no seu processo evolutivo, que sempre será disruptivo.

Em maior ou menor grau, toda mutação gera algum desequilíbrio no ecossistema, e isso exige que as organizações tomem para si a responsabilidade de combater os desequilíbrios. Vamos dizer que uma empresa lança um telefone com *touch screen* e, com isso, muda o mercado. Para corrigir esse desequilíbrio no ecossistema, suas concorrentes se apressam em desenvolver modelos que possam competir com a inovação.

Um exemplo em escala internacional é a fabricante de automóveis elétricos Tesla, do polêmico sul-africano Elon Musk. A empresa, fundada em 2003, entrou para a lista da Fortune 500 Global em 2021. Na lista de 2022,[26] a Tesla está na posição 242, um salto de 150 posições em relação ao ano da sua estreia e que tem explicação: seu faturamento (*revenue*) subiu 70,7%[27] e a lucratividade (*profit change*) aumentou em 665,5%.[28] Pioneira do movimento de eletrificação automotiva, a Tesla criou um conceito que estava alinhado com o desafio em escala planetária de reduzir as emissões de dióxido de carbono ($CO2$) na atmosfera. Essa tendência está se espalhando

---

[26] GLOBAL 500. **Fortune**. Disponível em: https://fortune.com/global500/2022/search/. Acesso em: 3 set. 2022

[27] TESLA revenue 2010-2022|TSLA. **Macrotrends**. Disponível em: https://www.macrotrends.net/stocks/charts/TSLA/tesla/revenue. Acesso em: 3 set. 2022

[28] JOSHI, A. Tesla net income up 665% YoY with 5.52 billion in 2021. **Mercon**, 28 jan. 2022. Disponível em: https://mercomindia.com/tesla-net-income-2021/. Acesso em: 3 set. 2022.

por vários segmentos, mas vem provocando mutações significativas entre os fabricantes de automóveis. Por exemplo, em 2022 a GM apresentou sua nova geração de modelos elétricos, que inclui um Hummer capaz de ir de 0 a 100 quilômetros por hora em três segundos e que, além de ser *carbon free*, é totalmente silencioso.[29]

A melhor maneira de evitar ser pego de surpresa é fazer com que os times das empresas tenham uma mentalidade evolutiva consistente – a EvolveNESS de qual falamos neste livro – e se empenhem em identificar as tendências de mercado mais relevantes e em agirem rapidamente diante delas.

Nesse ponto, é importante fazer a distinção entre tendência e moda. Moda é algo material, um produto que consolida referenciais estéticos. Tendência tem raiz comportamental e baseia-se no que as pessoas sentem como relevante em suas vidas. Os ciclos das tendências são mais longos, e seu alcance é bem maior do que a estética de objetos – chegando, inclusive, a alterar visões de mundo.

Por exemplo, a tendência de cuidar da saúde fazendo exercícios físicos em algum ponto se encontrou com a tendência de reduzir a emissão de carbono na atmosfera, e o resultado disso foi o interesse das pessoas em adotar as bicicletas como meio de transporte. Conforme aumentou o número de ciclistas, as cidades tiveram de se adaptar e surgiram as ciclovias que, por sua vez, incentivaram mais pessoas a pedalar em vez de dirigir. Perceba que tendências como essa alteram uma série de ecossistemas negociais: fabricantes de bicicletas, oficinas, distribuidores de suplementos vitamínicos para melhorar performance aeróbica, design de tênis e mochilas, produção de isotônicos, espaços para estacionamento das bicicletas, acessórios como capacetes e joelheiras, clínicas médicas especializadas em ortopedia, protetores solares, roupas impermeáveis – enfim, criam todo um novo cenário de consumo.

---

[29] OKULA, C. New Hummer EV produces more emissions than a gas powered sedan. Motor 1, 9 jul. 2022. Disponível em: https://www.motor1.com/news/597202/hummer-ev-emissions/. Acesso em: 3 set. 2022.

Outra tendência que vem se consolidando em vários setores é a "uberização". Graças a disseminação de aplicativos, banda larga e a rápida adesão do público, vários modelos de negócios coletivos e colaborativos vêm se estabelecendo. Espaços de coworking, Airbnb, Uber e bicicletas públicas são alguns dos exemplos que provam que as mutações estão conduzindo a mudança acelerada dos ecossistemas.

O surgimento de empresas mutantes, as startups, tem sido acolhido e celebrado pelos investidores de capital de risco. O ano de 2021 registrou um aumento de 180% nos investimentos em startups brasileiras em relação a 2020, e o montante atingiu 9,8 bilhões de dólares.[30] Isso demonstra que a capacidade evolutiva das empresas tem sido cada vez mais reconhecida e prestigiada. Para os investidores, no ecossistema de negócios, a busca é por uma espécie em especial: os unicórnios.

O fato é que há espaço tanto para os dinossauros ágeis que restam na lista da Fortune quanto para as criaturas mitológicas com DNA tecnológico, só os que não buscam evoluir é que correm risco de extinção. A questão passa a ser, então, determinar em que estágio evolutivo está a sua empresa e qual será a direção mais inteligente a tomar para garantir sua preservação.

---

[30] PICKERT, L. Investimento em Startups Brasileiras cresceu mais de 180% em 2021. **AAA Inovação**, [s.d.]. Disponível em: https://blog.aaainovacao.com.br/investimento-startups-brasileiras/. Acesso em: 28 ago. 2022.

" Só os que não buscam evoluir é que correm risco de extinção. "

CAPÍTULO 7
Propósito no centro de tudo

Marcas engajadas em causas relevantes ganham protagonismo como agentes de evolução econômica e sociopolítica.

Os saltos evolutivos no comportamento da sociedade e a mudança nos valores e nas atitudes fazem com que as pessoas se identifiquem com marcas e organizações que defendam causas e demonstrem ter um propósito. Em um mundo em que os sistemas políticos são vistos com desconfiança por muitos, as empresas precisam assumir um papel cada vez mais importante na sociedade.

Além de movimentar a economia com produtos e serviços, as companhias passam a ter um papel fundamental na defesa de causas e nas transformações sociais. O sucesso da nova economia está, portanto, baseado em transparência, aspiração, impacto positivo e empoderamento. Mas para atingirmos esse novo estágio de eficiência e prosperidade protagonizado pelas empresas, é preciso mudar de um sistema egocêntrico para um sistema eco-cêntrico. Ou seja, precisamos pensar no funcionamento do sistema como um todo, em todas as interações e ter a consciência de que os atos de um impactam a existência do outro. Isso representa uma profunda mudança de como agimos e pensamos.

Alguns fatos externos funcionam como catalisadores para o salto evolutivo nos valores e nas visões de mundo. Esse tipo de tomada de consciência rápida aconteceu recentemente com a pandemia de covid-19; na Primeira e na Segunda Guerra Mundial; em 1989, com a queda do Muro de Berlim; em 1991, com o esfacelamento da União Soviética; e, em 1994, com o fim do Apartheid.

Diante de questões sociais importantes, os consumidores, a comunidade de negócios e a sociedade vêm reconhecendo o protagonismo das empresas movidas por propósitos claros. As organizações que demonstram atitudes que contribuem para o sistema econômico e social conquistam algo muito mais precioso: a lealdade das pessoas.

PROPÓSITO NO CENTRO DE TUDO

Empresas com propósito são as que têm valores claros, abraçam causas e impactam a sociedade com suas convicções. Esse compromisso e essa consistência com causas se traduzem em liderança e, assim, as companhias passam a assumir um papel mais importante na sociedade.

Muitos têm a impressão de que essa exigência dos consumidores por atos relevantes e conceitos coerentes foi efeito da pandemia. Essa impressão é legítima, porque a questão do posicionamento das empresas diante das grandes causas da humanidade se intensificou a partir de 2020, mas diversos estudos anteriores mostram que essa tendência já havia sido identificada.

De acordo com um estudo realizado pela consultoria Accenture em 2018,[31] 64% dos consumidores no mundo consideram mais atraentes as marcas que comunicam seu propósito ativamente, e 62% querem que as empresas se posicionem em relação às questões

---

31 STATISTICS. **Business of Purpose**. Disponível em: https://www.businessofpurpose.com/statistics. Acesso em: 29 ago. 2022.

que defendem. Uma pesquisa realizada pela Porter Novelli, em 2019,[32] com consumidores dos Estados Unidos em relação a marcas com propósito aponta que 89% têm uma imagem positiva, 86% confiam e 83% são leais à marca. O mesmo estudo mostrou que oito em cada dez consumidores sentem ter uma conexão mais profunda com marcas que demonstram possuir valores semelhantes aos deles.

Nesse ponto é preciso lembrar que o compartilhamento de valores humaniza as empresas tanto nas suas interfaces externas com consumidores, fornecedores e sociedade quanto nos seus processos internos de pesquisa, desenvolvimento, retenção de talentos, motivação e desempenho.

Uma pesquisa global conduzida pela consultoria Edelman,[33] em 2022, apontou que 80% das pessoas têm a expectativa de que os CEOs se posicionem sobre políticas públicas com terceiros. Ou seja, antes mesmo que leis sobre diversidade e inclusão ou redução de gases causadores do aquecimento global sejam criadas pelos governos, as empresas devem fazer o que é certo. Esse mesmo estudo revelou que 85% das pessoas esperam que os CEOs participem dos debates de questões importantes da sociedade. Isso significa que as pessoas *touch screen* demandam das empresas um posicionamento voltado para o ecossistema superando os condicionamentos antigos que levavam para o "ego sistema".

A postura da sociedade em relação às empresas provocou um paradoxo: a organização que estiver preocupada com a sua sobrevivência (no sentido mais egocêntrico possível) precisa urgentemente adotar uma postura de atuação em função do bem comum. Só defendendo o ecossistema é que ela poderá garantir o seu ego-sistema.

---

[32] PURPOSE messages evoke greater attention, arousal and emotion, according to first-of-its-kind biometrics research by Porter Novelli/cone. **Porter Novelli**, 29 maio 2019. Disponível em: https://www.porternovelli.com/intelligence/2019/05/29/purpose-messages-evoke-greater-attention-arousal-and-emotion-according-to-first-of-its-kind-biometrics-research-by-porter-novelli-cone/. Acesso em: 4 set. 2022.

[33] SANTOS, M. Um colapso na confiança. **Aberje**, 6 abr. 2022. Disponível em: https://www.aberje.com.br/coluna/um-colapso-na-confianca. Acesso em: 28 ago. 2022.

Vários estudos confirmam que a melhor maneira de lucrar está em defender um propósito de alcance social.

Segundo uma avaliação da Interbrand realizada em 2017,[34] as marcas comprometidas com melhoria de qualidade de vida têm desempenho 120% acima da média nas bolsas de valores. O interessante é que quanto maior é o intervalo de tempo considerado nos estudos, mais clara fica a vantagem das organizações com propósito. De acordo com o Kantar's Purpose Study realizado em 2018[35] observando um período de doze anos, a valorização das empresas com propósito chegou a 175%, enquanto a média de valorização das companhias sem propósito claro foi de 70%. O mesmo estudo realizado em 2020,[36] apontou que a valorização das empresas no período de 2008 a 2020 foi também de 175%, enquanto as que têm propósito pouco percebido continuaram com 70% de valorização. A tendência de crescimento das empresas com propósito altamente perceptível vem se mantendo de modo constante.

O professor Raj Sisojdia, especialista em Capitalismo Consciente da Babson College, em Massachusetts, analisou 28 empresas no período de dezoito anos, entre 1996 e 2013, e concluiu que as empresas com propósito cresceram 1.681% no período, enquanto a média de crescimento das quinhentas maiores empresas do país foi de 118%.[37]

Essa consciência voltada para o ecossistema tem, sim, estado presente na macroeconomia de mercado. A gigante global Unilever divulgou que, do seu portfólio de 400 marcas, as 28 que mostram propósitos claros e que os comunicam com consistência estão

---

[34] GROW. Change. Grow. Interbrand best global brands 2017. **Interbrand**, 2017. Disponível em: https://interbrand.com/wp-content/uploads/2018/02/Best-Global-Brands-2017.pdf. Acesso em: 4 set. 2022.

[35] STATISTICS. *op. cit.*

[36] PURPOSE 2020. **Kantar**, 19 maio 2021. Disponível em: https://www.kantar.com/Inspiration/Brands/The-Journey-Towards-Purpose-Led-Growth. Acesso em: 29 ago. 2022.

[37] STATISTICS. *op. cit.*

crescendo 69% mais rápido do que as outras, e são responsáveis por 75% do faturamento total da companhia. A marca Dove, por exemplo, que em 2004 abraçou a causa da beleza real e da autoestima feminina, está entre as marcas da empresa que faturam mais de 1 bilhão de dólares por ano.[38]

O mundo está mudando de fato, e as companhias precisam se preparar para mudar de um sistema focado em lucro para um ambiente em que o propósito de valor, cada vez mais e de maneira mais enfática, vai definir o seu sucesso. **Empresas exponenciais não estão mais pensando apenas em aumentar o valor para o *stakeholder*, e sim que é preciso agregar valor para a sociedade.**

Elas também percebem que, para crescer de maneira rápida, precisam construir internamente um ambiente de trabalho focado em propósito e valores. Com isso alinhado, o resto é consequência. A partir de um propósito, as pessoas se identificam, o engajamento se torna um fato, a motivação e a paixão surgem. E, com isso, ir para o trabalho passa a ser motivo de satisfação, e não de desânimo.

A infelicidade no trabalho costuma ocorrer quando as pessoas se sentem desvalorizadas e usadas – como naquela cena do filme *Tempos modernos*,[39] em que Charles Chaplin representava um operário em um trabalho repetitivo que lhe tirava o senso de individualidade. Esse sistema industrial despersonalizado é típico do ego-sistema, aquele em que o ego de alguém está levando a melhor em detrimento da individualidade de um monte de gente.

Já as empresas focadas em criar um ecossistema de valorização de talentos e de criatividade querem atrair, formar e reter pessoas motivadas e geradoras de riqueza. Pessoas com paixão não precisam ser controladas com arreios e nem forçadas a produzir – pelo contrário, elas são verdadeiros motores de inovação e produtividade. Isso

---

[38] MARCAS com propósito são as que mais crescem na Unilever. **Cosmetic Innovation**, 14 jun. 2019. Disponível em: https://cosmeticinnovation.com.br/marcas-com-proposito-sao-as-que-mais-crescem-na-unilever/. Acesso em: 22 ago. 2022.

[39] TEMPOS modernos. Direção: Charlie Chaplin. EUA: United Artists, 1936. Vídeo (1h27min).

muda todo o modelo estrutural de uma companhia, sua dinâmica e sua capacidade de se sintonizar com a sociedade.

O propósito da organização ajuda a alinhar de ponta a ponta a estratégia. Empresa, colaboradores e fornecedores alinhados por um objetivo comum deixam de lado a burocracia, a desconfiança, os feudos e egos para fazer com que o ecossistema evolua para todos. Não se trata de uma missão da companhia – infelizmente, em geral essa missão fica no papel. Estou falando de algo muito maior. Estou falando de uma causa.

Empresas exponenciais estão adotando agora o MTP, sigla para *Massive Transformative Purpose* ou Propósito de Transformação em Massa. Essa abordagem consiste em descrever um futuro melhor para o mundo ou para sua indústria e agir com entusiasmo para realizar essa transformação. A ideia é transformar o ecossistema do seu setor e, em seguida, o mundo. Empresas com MTP atraem clientes, comunidades, parceiros e recursos. A Tesla, por exemplo, utiliza como seu MTP "Acelerar a transição do mundo para a energia sustentável", enquanto o Google, "Organizar as informações disponíveis no mundo e torná-las acessíveis e úteis para todas as pessoas".

Esse alinhamento em direção ao propósito está em sintonia com a visão descrita por Simon Sinek em seu livro *Comece pelo porquê*.[40] Nele, o autor aconselha a começar sempre com o porquê (*why*), seguir para o como (*how*) e, só então, definir o produto ou serviço (*what*). Isso traz clareza para todos os envolvidos. No entanto, poucas empresas são capazes de explicar por que existem e por qual razão funcionam de uma determinada maneira. Sinek já se referia à necessidade de mudança da mentalidade de ego para eco.

---

[40] SINEK, S. **Comece pelo porquê**: como grandes líderes inspiram pessoas e equipes a agir. Rio de Janeiro: Sextante, 2018.

VALOR COMPARTILHADO

Quando falamos em ecossistema, falamos em interdependência, em cadeia de suprimentos, mas também em uma cadeia de valores. E mais, quando se fala em mudança no modo de operação para atender a um propósito, é preciso levar em conta todos os envolvidos na cadeia produtiva. Por exemplo, uma empresa decidida a zerar sua pegada de carbono precisa escolher fornecedores também comprometidos com eficiência energética, tratamento de resíduos e otimização de processos. Afinal, nas relações entre companhias (B2B) é que a identificação de propósitos é ainda mais crítica.

Empresas precisam mudar a sua maneira de operação em relação ao todo e devem pensar em gerar prosperidade para o resto da cadeia. O foco deve ser no desenvolvimento de todos. Assim, as organizações que aumentarem sua competitividade, sua eficiência e seu lucro trazem como consequência o crescimento de toda a cadeia. Michael Porter fala disso na sua teoria de *shared value*, na qual destaca o exemplo da Nestlè, companhia que investe em seus fornecedores para melhorar a qualidade dos produtos e oferece tecnologia e os recursos necessários para melhorar a produção e a escala.[41] É possível perceber essa dinâmica acontecendo nos ecossistemas de startups, em que empresas *plug and play* incentivam novas startups a serem mais eficientes e melhorarem seus produtos no mercado.

O papel das corporações evoluiu. Presença global, influência sobre o estilo de vida dos seus milhares de funcionários e, às vezes, bilhões de consumidores fazem com que elas se tornem protagonistas na criação do futuro da humanidade. Recentemente o Fórum Econômico Mundial afirmou que as empresas precisam servir à sociedade e ao planeta, e não apenas a seus acionistas.[42]

---

[41] PORTER, M. E.; KRAMER, M. R. Creating shared value: how to reivent capitalism – and unleash a wave of innovation and growth. **Harvard Business Review**, fev. 2011. Disponível em: https://hbr.org/2011/01/the-big-idea-creating-shared-value. Acesso em: 22 ago. 2022.

[42] EM DAVOS, CEOs defendem um novo tipo de capitalismo. **Época Negócios**, 21 jan. 2020.

> **As empresas precisam servir à sociedade e ao planeta, e não apenas a seus acionistas.**

Essa participação estendida das organizações para além do âmbito da economia de mercado propriamente dita e a importância do propósito social das marcas mostram a relevância das *legislative brands* – marcas que entregam uma proposta de valor muito importante para a sociedade e que geram impactos inegáveis no dia a dia das pessoas. Clientes se inspiram e se comprometem a ajudar as empresas e o ecossistema. Mais do que nunca, colocar as pessoas e o ecossistema no centro do negócio é a melhor estratégia. Isso é um salto evolutivo em relação ao capitalismo clássico que afirmava que enquanto um ganha, o outro perde. Agora, vemos que precisa ser bom para todos. Todos devem ganhar, e é isso que permite a evolução.

Essa atitude generosa e solidária pôde ser percebida, por exemplo, nas marcas que se posicionaram com mais rapidez e ênfase durante a pandemia de covid-19, trabalhando com afinco para ajudar a sociedade, diminuir as incertezas e construir um senso de comunidade. Essas empresas mostraram que são feitas por pessoas com valores alinhados com o seu propósito e demonstraram ter conexão muito forte com a sociedade.

E tudo isso começa dentro de casa. A grande prioridade das marcas deve ser cuidar de seus funcionários, mantê-los conectados com o propósito da empresa e, às vezes, ir além. A fabricante de cosméticos Natura, que tem sua distribuição baseada em uma rede de consultoras independentes, percebeu que, durante o período de isolamento social, os índices de violência doméstica estavam crescendo no Brasil e que as mulheres ameaçadas tinham dificuldade em procurar ajuda.[43] Então, criou um vídeo que começava como tutorial de maquiagem e pedia que a consultora colocasse fones de ouvido. O vídeo com um maquiador mostrando uma manobra de maquiagem

---

Disponível em: https://epocanegocios.globo.com/Forum-Economico-Mundial/noticia/2020/01/em-davos-ceos-defendem-um-novo-tipo-de-capitalismo.html. Acesso em: 22 ago. 2022.

[43] VIOLÊNCIA contra a mulher aumenta em meio à pandemia; denúncias ao 180 sobem 40%. Isto é Dinheiro, 1 jun. 2020. Disponível em: https://www.istoedinheiro.com.br/violencia-contra-a-mulher-aumenta-em-meio-a-pandemia-denuncias-ao-180-sobem-40/. Acesso em: 4 set. 2022.

continuava na tela, mas a narração dava instruções sobre como denunciar a violência doméstica. Essa iniciativa mostra que empresas com propósito não se intimidam, vão além e se envolvem em questões socialmente complexas.

Mais do que nunca, as companhias precisam mostrar sua proatividade. Uma pesquisa recente da consultoria Kantar[44] apontou que 39% da população acredita que as empresas precisam estar disponíveis para ajudar os governos nos momentos de incerteza. Isso não tem mais volta. As organizações precisam pensar no ecossistema e não mais somente nelas.

A beleza dos ecossistemas é que não há um dominante centralizador. Neles, todos fazem parte, a interdependência é completa. O musgo do fundo do lago alimenta o peixe que alimenta o urso. Sem o musgo, o poderoso urso morre de fome. O fato é que ninguém domina o ecossistema. Todos são importantes. Estamos falando de cocriação. Estamos todos conectados e, se não há sinergia, o sistema entra em colapso – e não há dinheiro que o salve. Mas para haver cooperação é preciso transparência e confiança extremas.

Estamos em um momento da História em que precisamos redefinir o que é o sucesso. Lógico que o lucro é importante e que a competitividade sempre existirá, mas esses elementos serão moldados de outra maneira. Acredito que a nova medida de sucesso será alcançada quando todos os envolvidos na cadeia produtiva se unirem pelo melhor interesse do cliente que, em última análise, é o melhor interesse da humanidade. Assim, asseguraremos a evolução dos nossos ecossistemas.

Outro aspecto dessa evolução em direção a uma vida cheia de propósito se relaciona intimamente ao conceito japonês de *ikigai* – uma junção dos termos "vida" e "valer a pena", que representa a busca constante por uma vida plena e de acordo com o propósito que cada um estabelece para si. A palavra também pode significar "a felicidade de estar sempre ocupado" ou seja, ter um propósito e

---

[44] STATISTICS. *op. cit.*

jamais se sentir à toa. O mais interessante sobre os praticantes de *ikigai* é a longevidade que alcançam – muitos ultrapassam os 100 anos em Okinawa – e a qualidade de vida, em termos de saúde, que conseguem obter mesmo em idade avançada.

Uma das definições que os anciãos deram sobre *ikigai* para os autores Héctor García e Francesc Miralles em livro homônimo foi que *ikigai* é a razão pela qual as pessoas se levantam pela manhã. Encontrar esse elemento de motivação, porém, exige uma busca ativa no eu mais profundo de cada um – não é algo que caia do céu.[45]

O mais complicado na jornada para encontrar o *ikigai* é que ele está no centro de vários lugares da vida que podem ser muito confortáveis ou bastante sedutores, sem que efetivamente ofereçam satisfação plena. Isso fica bem mais fácil de identificar observando o diagrama a seguir:

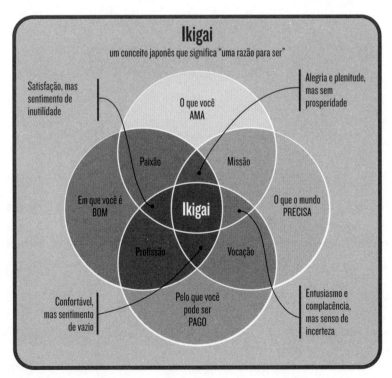

---

[45] GARCÍA, H.; MIRALLES, F. **Ikigai**: os segredos dos japoneses para uma vida longa e feliz. Rio de Janeiro: Intrínseca, 2018.

Encontrar seu verdadeiro *ikigai* é uma missão complexa, mas vale a pena, porque só com o seu verdadeiro propósito no centro de tudo é que é possível encontrar o equilíbrio necessário para alcançar o sucesso duradouro e, também, cumprir a sua missão no mundo.

Não há como prever o futuro, mas tenho certeza de que pessoas com propósito têm melhores chances de construir a cooperação global para sermos mais eficientes e cocriarmos ecossistemas melhores e um mundo bem melhor para nós e todos os que nos cercam.

> Pessoas com propósito têm melhores chances de construir a cooperação global para sermos mais eficientes e cocriarmos ecossistemas melhores e um mundo bem melhor para nós e todos os que nos cercam.

CAPÍTULO 8
Evolve thinking

Abrir a mente e o coração para o que nos motiva nos torna mais produtivos e abre os caminhos da criatividade que levam à evolução pessoal e profissional.

A questão mais atual para as pessoas, tanto na dimensão individual quanto profissional, é como garantir que o seu pensamento, sua visão de mundo e sua contribuição para a sociedade estejam alinhados com o estágio evolutivo do tempo em que vivemos. A resposta está no que chamo de *evolve thinking*.

A visão que as pessoas têm de relacionamentos, questões de gênero, consumo, saúde e dinâmica profissional é completamente diferente da que existia há duas gerações. Nesse espaço de trinta ou quarenta anos, os cenários e as dinâmicas se transformaram. Da estética vigente à etiqueta social, do conceito de sucesso e felicidade à mensuração de resultados nos mais variados campos, podemos observar alterações significativas. Os saltos evolutivos são claros, portanto, a questão passa a ser como desenvolver a musculatura intelectual para participar desses saltos como sujeito ativo, e não como participante passivo.

Evolve thinking é um modelo mental que nos leva a uma evolução constante, conectando-nos a ações que nos aproximam do nosso propósito de vida. Com esse novo mindset, desenvolvemos a habilidade de aprimorar diariamente as nossas capacidades e estimulamos a descoberta de novos talentos que podem contribuir na realização daquilo em que acreditamos. Como consequência, conseguimos alavancar nosso potencial para viver o nosso melhor, atingir nossos objetivos e, o mais importante, conquistar uma vida mais plena e feliz.

Existem dois tipos de mentalidades: as mentes fixas e as de crescimento constante. As mentes fixas são aquelas que acreditam na limitação do seu potencial. Elas atingem um determinado nível de competência em uma atividade específica e param aí. Podem ser excelentes no que fazem, mas não sabem fazer outra coisa. Em geral, atribuem o próprio fracasso às suas limitações. Têm consciência de que não desenvolveram novas habilidades e, de certa maneira, sentem orgulho disso. As mentes fixas acham que já viram de tudo nesse mundo e que sabem até mais do que precisam para seguir adiante.

O segundo tipo de mentalidade é o que se baseia no crescimento constante – ou *growth mindset,* na expressão criada por Carol Dweck, professora de Psicologia na Universidade de Stanford.[46] Esse tipo de pessoa gosta de sair da zona de conforto, de ousar. Normalmente, consideram o fracasso como fonte de aprendizado. Claro que sentem a dor da derrota, mas não se deixam abater. Indivíduos assim buscam sempre experimentar coisas novas e não hesitam em adaptar as novidades ao seu modelo de vida.

Segundo Dweck, as pessoas com *growth mindset* são aquelas em permanente busca de evolução, de ampliação dos seus horizontes e habilidades e que gostam de se sentir desafiadas. Já os que têm um *fixed mindset* tendem a ficar ofendidos quando apresentados a desafios. A professora fez essa experiência com crianças de 10 anos, expondo-as a problemas um tanto difíceis, e percebeu que, mesmo nessa idade, elas já demonstram os dois tipos de mentalidade.

---

[46] TEÓRICOS que inspiram: Carol Dweck e o growth mindset. LIV, 9 ago. 2019. Disponível em: https://www.inteligenciadevida.com.br/pt/conteudo/teoricos-que-inspiram-carol-dweck-e-o-growth--mindset/. Acesso em: 22 ago. 2022.

> As pessoas com *growth mindset* são aquelas em permanente busca de evolução, de ampliação dos seus horizontes e habilidades e que gostam de se sentir desafiadas.

As pessoas com *growth mindset* são aquelas da campanha *Think different*, da Apple, que tinha como tema o fato de que os rebeldes, os que não se encaixam na sociedade, os criadores de caso são justamente os gênios que levam a humanidade à evolução. O filme mostrava Einstein, Luther King, Gandhi, Dalí, Chaplin, Lennon, Mohammed Ali e outros tantos gênios que ousaram pensar diferente e que, com seus atos, inspiraram as pessoas a adotar novas visões de mundo e, com isso, mudaram a realidade.

Neste ponto, acho importante definir genialidade. Além de talentosas, todas essas personalidades foram incansáveis na sua busca por excelência. Além de terem propósitos bem claros, elas arregaçaram as mangas e se aprimoraram. Buscaram entender profundamente seus campos de atuação e, com isso, empenharam sua energia em criar, em realizar e em provocar saltos evolutivos com efeitos em toda a humanidade. Usando a moderna literatura de gestão, podemos dizer que elas tinham garra, atuavam em *flow* e atingiram a alta performance.

Antes de entrarmos no campo do desempenho, porém, é preciso dar um passo atrás e observar a visão da ciência sobre a dinâmica da evolução. Antes de Charles Darwin publicar sua teoria no livro *A origem das espécies*, em 1859,[47] a ideia de que os seres vivos evoluíam já era desenvolvida por outros cientistas. Entre eles, o de maior destaque foi Lamarck. Nascido Jean-Baptiste-Pierre-Antoine de Monet e detentor do título de nobreza Chevalier de Lamarck, esse cientista foi o responsável por cunhar o termo *biologia* – o estudo da vida. Depois de uma carreira no exército, interessou-se por história natural e desenvolveu uma teoria que tinha como base sua observação de que os seres vivos teriam a tendência de buscar o aperfeiçoamento constante. A partir daí, desenvolveu a teoria de que as espécies mudam ao longo do tempo porque as características que as tornavam mais eficientes em determinadas ações seriam passadas de pai para filho.

---

[47] DARWIN, C. **A origem das espécies**. São Paulo: Martin Claret, 2014.

Essa teoria, apresentada no livro *Philosophie zoologique*,[48] em 1809, não obteve a mesma aceitação que a de Darwin, apresentada meio século depois. Mesmo assim, suas ideias se mostram incrivelmente válidas quando observadas no contexto da gestão. Lamarck acreditava que os seres vivos têm a tendência de melhorar de modo contínuo em busca da perfeição. Outra de suas crenças tem a ver com a lei do uso e desuso. Quanto mais uma habilidade é usada, mais ela se desenvolve, e isso é passado para as gerações seguintes. Segundo essa teoria, os indivíduos perdem as características de que não precisam e desenvolvem as que utilizam mais. Por exemplo, espécies que vivem embaixo da terra, no escuro, tendem a ter a visão deficiente, o que seria compensado por um olfato mais apurado. A necessidade de comer as folhas mais altas das árvores levou as girafas, geração após geração, a desenvolver um pescoço mais longo.

Segundo Lamarck, o ambiente em que uma espécie vive e o uso que ela faz das suas habilidades são fatores determinantes da sua evolução. Características como agilidade, boa noção espacial e iniciativa são valorizadas em cães pastores e, por isso, os melhores indivíduos são priorizados para reprodução. Já características como vigor físico, disciplina e agressividade são mais valorizadas em cães de guarda, mas um cão de guarda levado para o campo precisará adquirir novas habilidades, melhorar sua noção de espaço e desenvolver iniciativa.

Em resumo, qualquer criatura precisa adquirir novas capacidades para melhor se adaptar ao ambiente que a cerca. Agora, vamos conectar essa teoria ao mundo moderno.

Depois de anos ensinando matemática em uma escola pública, Angela Lee Duckworth foi estudar Psicologia na universidade, onde desenvolveu uma tese para prever que tipo de pessoa obteria

---

[48] LAMARCK, J. Filosofia zoológica. São Paulo: Editora Unesp, 2021.

sucesso na atividade que escolhesse.[49] Por experiência, ela já havia notado que motivação era o centro de tudo, mas quis investigar profundamente. Pesquisou tanto cadetes da lendária academia militar de West Point quanto simples vendedores, passando pelas mais variadas atividades, até descobrir que o fator mais importante não era o Q.I. (quociente de inteligência), nem a inteligência emocional, muito menos a boa aparência ou a saúde. **O que mudava qualquer cenário era a garra (em inglês, *grit*), que é o desejo passional e persistente de alcançar um resultado de longo prazo. É ter energia e perseverança. Para que isso aconteça, é preciso combinar paixão e preparo, tendo em mente que é preciso melhorar a cada dia.** Isso acontece com músicos, médicos, jornalistas, atores, engenheiros – enfim, não importa a profissão, o que importa é ter mentalidade de crescimento (*growth mindset*).

Quando temos *grit*, quase inevitavelmente atingimos o *flow* – o estado mental em que uma pessoa se encontra em total envolvimento com uma atividade e, por isso, sente-se energizada e feliz. Nesse estado de completa absorção pela atividade, ela perde a noção do tempo e atinge o seu melhor, pois está focada no seu propósito e totalmente concentrada no momento presente. Na vida profissional, estar no *flow* ou *in the zone* significa ter motivação para aprender todos os dias, para fazer novas conexões e para criar. **Portanto, estar aberto a aprender (*growth mindset*) é fundamental para ter garra (*grit*) e atingir o seu auge (*flow*).**

Um estudo realizado pela consultoria McKinsey,[50] que acompanhou altos executivos por dez anos, mostrou que eles eram cinco vezes mais produtivos em estado de *flow*. Ou seja, o que eles produziam em um dia equivalia ao que seus colegas levariam uma semana

---

[49] INTELIGÊNCIA não é o fator mais importante para atingir o sucesso. Entenda por quê! Na Prática, 27 mar. 2017. Disponível em: https://www.napratica.org.br/inteligencia-nao-e-o-fator--mais-importante-para-atingir-o-sucesso-entenda-por-que/. Acesso em: 28 ago. 2022.

[50] SCHERER, A. O segredo dos funcionários mais produtivos. **Exame**, 15 fev. 2018. Disponível em: https://exame.com/revista-exame/a-quimica-da-mente-produtiva/. Acesso em: 28 ago. 2022.

para fazer. Esse mesmo estudo concluiu que, se as pessoas pudessem aumentar em 20% o seu estado de *flow*, a produtividade geral quase dobraria.

Empresas de alta performance, como Google, 3M e Patagonia, permitem que seus funcionários dediquem de 15% a 20% do seu tempo a projetos pessoais, projetos de estimação, criados por prazer e convicção.[51] Muitas das inovações dessas empresas tiveram como origem alguns *pet projects* dos colaboradores, tudo porque lhes foi dada a liberdade de criar. Isso gerou motivação para fazer o que amam. Dar autonomia é um grande estímulo para fazer alguém entrar no processo de *flow*.

Muitos CEOs passam grande parte do tempo estudando, aprimorando conhecimentos, expandindo a consciência e observando quais elementos podem ser adaptados ao seu meio ambiente. Exemplos não faltam. Warren Buffett passa mais de seis horas por dia lendo; Bill Gates lê cinquenta livros por ano; e Mark Zuckerberg lê um livro a cada duas semanas. Todos investem na evolução da mente.

Evolve thinking é, portanto, um modelo mental que nos leva à evolução constante, conectando-nos a ações que nos aproximam do nosso propósito de vida. Como consequência, vivemos nosso melhor, atingimos os nossos objetivos e inevitavelmente nos sentimos mais plenos, realizados e felizes.

Para praticarmos o *evolve thinking* é preciso ter: *growth mindset*, para gostarmos do desafio de aprender coisas novas, e garra (*grit*), para sermos mais perseverantes e apaixonados a longo prazo. Dessa maneira, entramos no estado de *flow*, em que nos sentimos mais focados, criativos e efetivos para atingir nosso melhor desempenho. O prazer de estar no *flow* nos leva à sensação de satisfação, fundamental para nos sentirmos mais felizes.

---

[51] KOTLER, S. Why a free afternoon each week can boost employees' sense of autonomy. *Fast Company*, jan. 2021. Disponível em: https://www.fastcompany.com/90595295/why-a-free-afternoon-each-week-can-boost-employees-sense-of-autonomy. Acesso em: 29 ago. 2022.

> **Dar autonomia é um grande estímulo para fazer alguém entrar no processo de *flow*.**

A materialização de *grit* e *flow* pode ser percebida na comparação entre Cristiano Ronaldo e Lionel Messi. Cristiano Ronaldo sempre busca sair da zona de conforto. Já passou por vários times: Sporting (Portugal), Manchester United (Inglaterra), Real Madrid (Espanha) e Juventus (Itália). Ele quer sempre novos desafios, aprende a jogar em ligas diferentes e desenvolve novas técnicas no seu futebol para melhor adaptá-lo a cada realidade. Ele é aquela pessoa que treina para a perfeição – e tem a consciência de que a perfeição muda conforme as demandas de cada ambiente. Joga com garra, somando a habilidade com a vontade para atingir os seus objetivos.

Já a dinâmica de Messi é outra. Ao longo da carreira jogou apenas nos Newell's Old Boys (Argentina), Barcelona (Espanha) e Paris Saint-Germain (França), tendo permanecido no Barcelona por vinte e um anos. É um gênio incontestável do futebol, mas talvez tenha ficado tanto tempo na zona de conforto que perdeu a noção sobre a extensão do próprio potencial.

Sem garra e sem o estado de *flow*, os recordes mundiais nunca teriam acontecido. O primeiro recorde dos 100 metros de corrida foi em 1968, com o tempo de 9,95 segundos. Esse recorde só seria batido em 2009, por Usain Bolt, com o tempo de 9,58 segundos. Na maratona, o primeiro recorde foi em 1908, com o tempo de 2 horas e 55 minutos. Em 2020, esse recorde foi batido com o tempo de 2 horas e 1 minuto.

O que leva à evolução? Provavelmente o desejo pelo desafio somado à busca pelo aperfeiçoamento – *grit* e *flow*, portanto. Bruce Lee uma vez deu a receita: "Pesquise sua própria experiência, absorva o que é útil, descarte o que não tem utilidade e acrescente o que é essencialmente seu".[52]

---

[52] #63 RESEARCH your own experience. **Bruce Lee**, 12 set. 2017. Disponível em: https://brucelee.com/podcast-blog/2017/9/12/63-research-your-own-experience#:~:text=Absorb%20what%20is%20useful%2C%20reject,Bruce%20Lee's%20way%20of%20life. Acesso em: 29 ago. 2022.

Essa consciência nos leva de volta à teoria do uso e desuso de Lamarck.[53] Acredito que ele estava certo, mas sob outra perspectiva. Na vida, precisamos avaliar constantemente o que está e o que não está funcionando, pois apenas assim descobrimos a nossa paixão e o nosso objetivo de vida. Outra parte da teoria de Lamarck se relaciona à transmissão dos caracteres adquiridos. Na interpretação do *evolve thinking*, isso está ligado ao conhecimento. Abuse do conhecimento. Ter um *growth mindset* de buscar o conhecimento e aperfeiçoamento contínuos é a chave. Vale notar que as teorias de Lamarck iam contra o fixismo, corrente de pensamento que defendia a imutabilidade das espécies e desprezava a influência de fatores externos.

O *evolve thinking* é a soma do *growth mindset* à consciência do uso e desuso, à garra para persistir em um objetivo por longo tempo e à capacidade de encontrar foco total (*flow*) em suas atividades.

Para atingir o *evolve thinking*, tente separar 10% do seu dia para estudar o que você ama. Não julgue, só estude. Pode ser gastronomia, escalada, astronomia, astrologia ou tudo isso. Recomendo fazer uma lista de itens sobre os quais sente curiosidade ou gostaria de aprender mais. Vai perceber muitas ideias surgindo, o que ajudará no processo de identificar o seu propósito de vida.

---

[53] LAMARCK, J. *op. cit.*

> Na vida, precisamos avaliar constantemente o que está e o que não está funcionando, pois apenas assim descobrimos a nossa paixão e o nosso objetivo de vida.

CAPÍTULO 9

Mindfulness leadership: um salto evolutivo

Sensibilidade, propósito, inspiração e motivação fazem parte da anatomia de quem deseja exercer a liderança consciente e alcançar bons resultados.

Nos últimos tempos, temos vivido muitas mudanças. A maioria aconteceu de modo abrupto, de cima para baixo, em reação ao que o mundo nos apresentava. Sobrevivemos, mas é preciso ter em mente que toda reconfiguração de status quo exige uma mudança estrutural e filosófica da liderança.

Por isso, é chegado o momento do que chamo de *mindfulness leader*, que é a pessoa que usa conceitos poderosos relacionados ao aqui e agora, como a percepção da realidade, aliados a outros mais perenes, como propósito, sabedoria e compaixão, para estimular a inteligência coletiva e alcançar objetivos concretos, como produtividade e lealdade.

Neste ponto, é importante enfatizar que estou falando sobre uma mudança de *liderança* e não necessariamente de *líder*.

O momento em que vivemos exige um realinhamento do estilo de liderar. Embora isso não implique a substituição literal dos executivos, demanda um salto evolutivo de pensamento em relação à liderança.

Estou alertando aqui para a transformação de uma estrutura de produção fordista (presencial, rígida, repetitiva e impessoal) para uma dinâmica de trabalho descentralizada, não-presencial e baseada em inspiração que podemos, por falta de um termo mais eloquente, chamar de "googlerista" – uma produção remota, com liberdade de escolha de horários, celebração da criatividade e reconhecimento das individualidades.

Embora o contraste entre essas duas maneiras de produzir seja total, nem tudo é branco ou preto. Na verdade, a maioria das empresas se encontra em algum tom de cinza – o que torna o caminho ainda mais escorregadio para quem está no comando. Por isso, é tão importante estar fortalecido por convicções para ter uma atuação construtiva.

Imagine que liderança é uma estação de rádio, que fica em uma determinada frequência, e que o líder é o equipamento físico que tem um dial para sintonizar essa frequência. O profissional pode escolher em que sintonia operar dependendo do que quer emitir. Alguns aparelhos, entretanto, são viciados em uma única estação. Ligam automaticamente naquela frequência e, com o tempo, todo o conteúdo que vem daquela estação é previsível. O problema de repetir sempre as mesmas fórmulas é que isso não atende ao ritmo de surgimento de novas demandas do mundo, da sociedade e do mercado. É importante entender que a mentalidade e o discurso de liderança devem constantemente se realinhar para manterem sua relevância.

Os antigos diziam: como se toca, se dança. Mas hoje sabemos que o contrário também é verdadeiro: é fundamental tocar no ritmo que as pessoas desejam dançar. É preciso ser capaz de estabelecer uma troca de energia. O líder existe em função do grupo, não o contrário e, porque as pessoas mudam, ele tem de se reinventar.

A anatomia de um *mindfulness leader* se desenvolve em torno da interconexão de alguns conceitos fundamentais: propósito, sabedoria, escuta, compaixão, inteligência coletiva e equilíbrio. Vamos nos aprofundar em cada um deles.

- **PROPÓSITO.** Nunca é demais reforçar: ter um propósito é o começo de tudo, porque ele traz referenciais fundamentais. Propósito é o norte de uma bússola. É o que faz com que simples humanos consigam ir além e realizar feitos fabulosos. Escolha uma pessoa extraordinária, pesquise sua história, e você imediatamente reconhecerá que ela foi movida por um propósito – de Napoleão a Walt Disney, de Cristóvão Colombo a Lady Gaga, de Albert Einstein ao Papa Francisco, o que vemos sempre é um desejo de, como dizia Gandhi, ser a mudança que se quer ver no mundo. **No ambiente corporativo, o propósito é ainda mais poderoso, porque ele é o ponto de convergência dos esforços de cada um dos talentos da empresa.** Por isso, muitas vezes, o propósito pessoal de um fundador ou executivo em cargo de liderança quase se confunde com o propósito da empresa. Analisar as organizações mais poderosas da atualidade confirma isso: Steve Jobs, Jeff Bezos, Bill Gates, Elon Musk, Larry Page e Sergey Brin, Richard Branson – a lista é grande e quase empata com os rankings de maiores, melhores e mais inovadoras companhias.
- **SABEDORIA.** É o veículo capaz de conduzir o propósito à vida real, é o que transforma conceitos em ações mensuráveis. Sabedoria é a consolidação de inteligência, experiência, vontade e bom senso. Pode se expressar por meio de estratégias de longo prazo ou de ações pontuais. Normalmente, conquista a admiração e a lealdade das pessoas, faz com que o líder tenha seguidores de coração. Vejam que nem todos os sábios possuem a fleuma do Dalai Lama, algumas pessoas têm grande sabedoria para negócios e são capazes de

> **O momento em que vivemos exige um realinhamento do estilo de liderar.**

sacrificar linhas de produtos para manter a produtividade em alta. Outra maneira de demonstrar sabedoria é agir com foco no longo prazo. Em várias das suas declarações, Larry Fink, CEO da BlackRock, maior gestora de fundos do mundo com ativos da ordem de 10 trilhões de dólares – algo como três a quatro PIBs brasileiros ou um terço da poupança do planeta – mostra que o seu foco em defender boas práticas de ESG nos últimos está ligado aos investimentos de longo prazo, no sentido de que as mudanças climáticas não sabotem o que está sendo previsto como retorno dentro de trinta anos para apostas feitas hoje.

- **INTELIGÊNCIA COLETIVA.** Um dos papéis mais importantes do líder é estimular todos da empresa a pensarem juntos sempre. É dele a obrigação de mostrar como cada um pode contribuir e ajudar a neutralizar os egos (inclusive o próprio) em prol do sucesso das ideias. O líder que tem propósito e sabedoria sabe comunicar que as realizações são sempre coletivas e consegue criar uma sintonia que permite à equipe trabalhar completamente envolvida nas suas tarefas, gerando um fluxo produtivo de alta qualidade. Essa entrega intelectual intensa passou a ser denominada como *flow* na literatura corporativa e se refere tanto ao ritmo pessoal quanto ao das equipes multidisciplinares. Mas, para florescer, a inteligência coletiva depende da existência da sincronia das pessoas, e isso só se consegue em um ambiente positivo, o que nos leva ao próximo item fundamental.

- **COMPAIXÃO.** Em sua raiz, a palavra indica compartilhar uma paixão, ou seja, significa ser solidário e empático. Falar de amor ao próximo no ambiente corporativo é quase como falar de EBITDA[54] em uma igreja – soa deslocado. No entanto, a compaixão está totalmente alinhada a uma liderança

---

[54] Sigla vinda do inglês para earnings before interest, taxes, depreciation and amortization.

bem-sucedida. Sem a percepção dos sentimentos do outro, é impossível criar uma conexão consistente, inspirar e gerar sintonia entre as pessoas. Em um modelo escravocrata, por exemplo, a compaixão era malvista. Entretanto, hoje, quando a retenção de talentos é o grande desafio das organizações, a compaixão é mandatória tanto no sentido de solidariedade como no sentido de compartilhar uma paixão. Afinal, se um colaborador não se apaixonar pelo que sua liderança propõe, ele não contribuirá para a inteligência coletiva e será inútil à organização.

- **PERCEPÇÃO.** Combinando as informações trazidas pelos cinco sentidos com inteligência, a percepção, no ambiente corporativo, se baseia sobretudo na habilidade do líder de escutar as pessoas – tanto no sentido amplo, de perceber o que a sociedade está priorizando em cada momento histórico, quanto no sentido literal, de prestar atenção aos inputs dos membros da sua equipe. Sim, o primeiro passo para a liderança consciente é saber ouvir, hábito que deveria ser simples, mas que, na prática, muitas vezes não é devidamente priorizado por quem tem um departamento ou uma empresa para gerir. Um aspecto importante da percepção é que, para que ela aconteça, é preciso que a pessoa esteja totalmente presente em cada tempo e lugar. A obsessão por *multitasking* acabou levando as pessoas a não prestarem atenção aos momentos mais significativos. Em vez de responder mensagens durante uma reunião, pode ser mais eficiente estar sintonizado ao assunto e atento às expressões dos outros participantes. Estar presente no aqui e agora é um dos grandes desafios da meditação, e é por isso que essa prática tem se mostrado tão instrumental para o sucesso. Manter-se no lugar em que se está é a base para o elemento seguinte, fundamental para os líderes do futuro.

- **EQUILÍBRIO.** Saber dosar trabalho e vida pessoal é um desafio para a humanidade desde o tempo das cavernas. Os caçadores tinham de sair em busca de comida e sabiam que a família ficaria fragilizada sem sua presença em caso de algum ataque. Conforme evoluímos, a separação entre trabalho e vida pessoal passou a ser física, geográfica. "Não traga o trabalho para casa", era o mantra e, talvez por isso, várias gerações passavam mais tempo no trabalho e não viam os filhos crescerem. No século XXI, por causa aos smartphones e outras tecnologias de comunicação, a invasão da vida profissional nos momentos em família e vice-versa chegou a um ponto inimaginável. Separar os dois mundos ficou praticamente impossível – de repente, estava tudo junto e misturado. Essa confusão tornou a busca pelo equilíbrio entre um e outro ainda mais necessária. O caminho, entretanto, é o velho e raro bom-senso. A ideia de buscar maior produtividade não é para enriquecer a empresa empregadora, e sim para gerar mais tempo para todas as outras coisas que existem na vida além do trabalho.

A partir da pandemia de covid-19, a discussão sobre a importância de conciliar os dois mundos ganhou mais evidência. O trabalho remoto mostrou para os pais o prazer da convivência com os filhos e deixou claras as razões que fazem alguém querer vencer na vida. Na verdade, foi além disso e mostrou o que nos faz querer estar vivos. As pessoas passaram a entender que elas trabalham para viver, e não o contrário. Entender isso é ainda mais importante para quem exerce liderança, que deve ser o exemplo de equilíbrio.

O fato é que as lideranças precisam estar alinhadas com as mudanças externas nas relações de trabalho – cada vez mais pessoas preferem o trabalho remoto – e com as mudanças internas de cada membro da equipe. As pessoas estão se afastando dos líderes da velha escola, que fazem mais o papel de capatazes do que de

"As novas lideranças trocam a vaidade centralizadora pela generosidade de inspirar."

motivadores. As novas lideranças trocam a vaidade centralizadora pela generosidade de inspirar.

A força moral dos seus líderes é cada vez mais determinante para o sucesso de uma empresa. **A liderança precisa ser suficientemente consistente para ser onipresente.** As estruturas de trabalho remoto, que os especialistas apostam que vieram para ficar, exigem isso de maneira intensa.

No atual cenário e no futuro, os líderes devem ser capazes de engajar suas equipes mesmo a distância. Nesse cenário, os *mindfulness leaders* estarão mais preparados para transformar cada membro do seu time em um seguidor entusiasmado. Só assim eles poderão confiar que suas orientações estão sendo seguidas mesmo a distância e terão de encontrar novas maneiras de avaliar o desempenho da sua equipe. Os formatos de supervisão e controle de produtividade e eficiência vão mudar e, talvez, se tornar mais precisos. Por outro lado, os talentos individuais serão cada vez mais valorizados.

O mais interessante é que os elementos que formam um *mindfulness leader* podem (e devem) ser exercitados por todos da empresa. Quem souber trabalhar melhor equilíbrio, percepção, compaixão, inteligência coletiva, sabedoria e propósito tem melhores chances de alcançar uma posição de liderança. **Afinal, as pessoas da Era de Aquário são mais independentes, atentas e conscientes e só aceitam a liderança de quem consideram digno de admiração.**

Outra característica dos nossos tempos é a valorização das *soft skills*, que são aquelas habilidades mais ligadas ao modo pelo qual uma pessoa se expressa ou se posiciona no mundo e que se manifestam socialmente por meio de atitudes como a disposição em aprender, a facilidade de integração com pessoas de outras culturas, a capacidade de trabalhar em equipe, a generosidade intelectual, entre outras. As *soft skills* se contrapõem às *hard skills*, que são as capacidades técnicas clássicas e que costumam derivar de estudo ou experiência. Hoje, como boa parte das novas tecnologias ou os saltos evolutivos das que existem são desenvolvidos dentro das empresas, as *hard skills* dão a base teórica para o trabalho, mas são as *soft skills* que permitem que os novos projetos se desenvolvam.

Em 2021, o LinkedIn, rede social focada na atividade profissional, fez um estudo sobre as profissões do futuro e apontou 25 novas entre elas, muitos engenheiros para desenvolver novas tecnologias de dados e também muitas outras carreiras que partem dos dados gerados pela tecnologia para gerar conexões com as pessoas. Diante dessa lista de novas profissões, gestores encarregados de contratações comentaram que as universidades não entregam esses profissionais inteiramente qualificados e, por isso, as empresas precisam completar a sua formação para sua atuação específica na organização, o que só é viável quando a pessoa possui *soft skills* que facilitem a integração com o grupo. A liderança consciente é o que ajuda a definir essas demandas e soluções no contexto de contratação e gestão de talentos.

O *mindfulness leader* é a resposta para os tempos em que vivemos e um caminho para o futuro. Este é o momento de mudar de mentalidade. Quem não se arriscar a adquirir novos conceitos corre o risco de ficar sozinho, em um andar vazio, só ouvindo o bip do elevador.

> Quem não se arriscar a adquirir novos conceitos corre o risco de ficar sozinho, em um andar vazio, só ouvindo o bip do elevador.

CAPÍTULO 10
Pessoas versalistas

Rompendo com as limitações do modo de produção fordista, a pessoa versalista é o principal fator de evolução da economia e da sociedade.

Em um verdadeiro transe, a personagem de Charles Chaplin no filme *Tempos modernos*[55] passa os seus dias apertando parafusos e, mesmo fora do horário do expediente, enxerga parafusos em tudo o que vê. O filme foi classificado como comédia, mas não consigo deixar de ver como trágica a realidade que retrata. O modelo de produção fordista, que reduz a capacidade humana a uma única atividade, realizada repetidamente para garantir a otimização da produtividade mostra-se cada vez mais anacrônico. Tal qual os filmes mudos em preto e branco, ele teve seu valor em um determinado período da história. Hoje, entretanto, não é o que o público deseja protagonizar.

Atualmente, o desejo das pessoas é de serem vistas como múltiplas e plurais. Cada indivíduo quer ter seus diversos talentos reconhecidos, e sua versatilidade, aproveitada, valorizada e celebrada. Chamo essa capacidade (de ser muitos em um só) de versalismo. A pessoa versalista seria, portanto, aquela que é talentosa de múltiplas

---

[55] TEMPOS modernos. *op. cit.*

maneiras e em diversas áreas e, por isso, capaz de contribuir para uma sociedade mais rica. O ponto fundamental para exercer a versatilidade é jamais se deixar aprisionar por crenças limitantes nem por estruturas opressivas.

Vale notar que, nos períodos de mais profunda e intensa transformação da história ocidental, a valorização das habilidades dos versalistas foi proporcionalmente maior. Nesses períodos, os indivíduos ou as instituições que realizavam atividades em vários setores eram a mola propulsora da inovação técnica e estética. A Renascença existiu graças a essas personalidades. Talvez o exemplo mais completo de um "homem da Renascença" tenha sido Leonardo da Vinci: pintor, escultor, anatomista, arquiteto, inventor, físico, matemático, cientista, botânico, músico e poeta – ele não via nem aceitava limites para o conhecimento em cada uma das suas áreas de interesse. Sua busca pela excelência era o combustível da sua genialidade –, ou seria o contrário?

Vários gênios da humanidade, como Galileu Galilei e Michelangelo, transitavam entre várias áreas de especialidade. Isaac Newton é outro bom exemplo: matemático, físico, astrônomo e teólogo, ele transformou o mundo com suas descobertas, leis e equações.

Em outro momento de transição importante, a passagem da Idade Moderna para a Contemporânea, no século XVIII, os iluministas eram também versados em diversas matérias. Aqueles filósofos e cientistas usavam suas habilidades para ampliar a compreensão do mundo. Charles Darwin, por exemplo, era geólogo, biólogo, botânico e naturalista; estudou medicina e artes e se formou clérigo da religião anglicana. Em paralelo, empreendeu com seu irmão, tiveram um laboratório de química. Durante sua viagem no brigue *HMS Beagle*, ele provou ser também excelente desenhista, montanhista e arquivista. Tudo isso se mostraria instrumental para que ele formulasse a teoria da evolução das espécies. Ou seja, até habilidades que não parecem importantes podem fazer toda a diferença.

"
O ponto fundamental para exercer a versatilidade é jamais se deixar aprisionar por crenças limitantes nem por estruturas opressivas.
"

A GRANDE ESTRATÉGIA DE EVOLUÇÃO NOS NEGÓCIOS

Antes do advento da Revolução Industrial, ninguém achava estranho alguém ter diversas habilidades. Afinal, qualquer fazendeiro, além de cuidar da sua plantação, era um pouco engenheiro – porque construía a própria casa, celeiros, moinhos e diques –, veterinário – pois cuidava dos animais – e músico – tocava para alegrar as noites em casa –, além de historiador das próprias famílias, mestre cervejeiro e enólogo. Suas esposas eram cozinheiras, professoras, costureiras, curandeiras, botânicas, biólogas e veterinárias.

O fato é que o natural é ser múltiplo. Embora existam atividades nas quais uma pessoa se destaca mais, o versalismo é parte da vida. Essa verdade, no entanto, tornou-se incômoda dentro do sistema industrial. Para que a indústria fosse produtiva, era preciso que os trabalhadores não só operassem as máquinas, mas agissem como máquinas. Quanto mais soubessem executar suas tarefas e menos compreendessem do todo, mais dependentes eles seriam do emprego e, portanto, mais fáceis de controlar. O que não entrava nessa equação era o tédio e a insatisfação de ter seus talentos ignorados. **A dimensão individual era considerada ineficiente e perigosa, e a expressão pessoal era vista como irrelevante.** Prova disso é que as atividades monótonas e repetitivas se mantiveram como regra até o século XX – vide a obra de Chaplin – e persistem no século XXI, embora já não se encaixem de todo na nossa realidade.

O cineasta Federico Fellini dizia que uma pessoa deve viver esfericamente, desenvolver-se em diversas direções.[56] Essa é a base do versalismo em dimensão pessoal. Quando se desenvolvem diversas habilidades, é possível ir além do óbvio e, assim, conquistar a liberdade que só o exercício da criatividade traz.

Existem inúmeros exemplos de pessoas que se mostraram hábeis em várias áreas, o que lhes possibilitou fazer tudo o que queriam. Jane Fonda era uma princesa de Hollywood, mas não se prendeu à

---

[56] FELLINI, F. **Citações e frases famosas**. Disponível em: https://citacoes.in/citacoes/1346685-federico-fellini-you-have-to-live-spherically-in-many-directions/. Acesso em: 29 ago. 2022.

PESSOAS VERSALISTAS

dramaturgia e criou um método de fazer exercícios. Paul Newman, também ator de sucesso, brilhou nas pistas de automobilismo e, além de ativista político e filantropo, criou, em 1982, uma marca de produtos alimentícios que incluem molhos e biscoitos; e, em 2008, abriu uma vinícola. Ainda nos anos 1970, o cineasta Francis Ford Coppola, no auge da fama após o filme *O poderoso chefão*, decidiu investir em viticultura e adquiriu enorme prestígio também nesse segmento. Kobe Bryant, jogador de basquete, ganhou um Oscar com um filme que coescreveu e codirigiu. A top model brasileira Gisele Bündchen fez sucesso como autora de livros.

A lista é imensa e cheia de histórias inspiradoras. Esses exemplos mostram que o triunfo muitas vezes vem acompanhado pelo versalismo. Engana-se quem vê ingratidão nas pessoas que, bem-sucedidas em um campo, arriscam-se em outro. A equação é diferente. **Pessoas bem-sucedidas tendem a se livrar de crenças limitantes, passam a confiar mais em seus talentos e sonhos e, por isso, investem energia, tempo e dinheiro em outras atividades nas quais também alcançam êxito.**

Está cada vez mais claro que precisamos ser exploradores das nossas próprias habilidades, desbravadores dos nossos desejos. Depois dos oceanos e da Lua, hoje a humanidade tem de explorar a si mesma – sua alma, seus anseios e talentos. Dessas expedições pela própria alma, muitos estão emergindo dispostos a fazer transformações radicais na própria vida. Alguns focaram energia em mudar o estilo de vida, criar novos hábitos; outros resolveram ampliar os horizontes e, aproveitando o pretexto de não poder sair de casa, tomaram coragem para fazer coisas que sempre desejaram, mas não viam nelas conexão com a realidade imediata.

Financistas foram aprender sobre marcenaria, donas de casa buscaram entender o mercado de ações, *workaholics* descobriram o prazer de plantar uma horta – enfim, os exemplos são inúmeros e muitas vezes surpreendentes. Cursos de gastronomia, confeitaria, padaria, pintura em guache, tricô, crochê, bordado, inglês, francês, alemão, japonês, mandarim e todo tipo de atividade saíram da lista de desejos a realizar "um dia, quando houver tempo" direto para a agenda do dia, passando a fazer parte da vida das pessoas.

Desse mergulho nos próprios talentos e habilidades, surgiu o impulso para dar saltos evolutivos. Muitas pessoas resolveram adotar novos parâmetros de vida e novos objetivos, e tantas outras decidiram, inclusive, mudar de profissão. O que pode soar como um ato arriscado é, na verdade, um modo de redenção. Trocar de profissão é como viver o mito da Fênix, que pega fogo para renascer das próprias cinzas. Para a maioria, não se trata de uma desconstrução irresponsável, mas de um modo de construir uma nova vida tendo outros valores como alicerces.

Nesse processo, muitos casamentos foram reavaliados. Alguns encontraram na convivência próxima e intensa o alimento de que precisavam para se fortalecer e florescer. Por outro lado, vários relacionamentos foram postos em xeque, e muitos não sobreviveram ao choque de realidade trazido pela exposição constante à outra pessoa. Muitos casais perceberam que seus sistemas de valores já não eram os mesmos.

É preciso admitir, entretanto, que nem todo mundo embarcou ainda nessa viagem interior. Muita gente não se permitiu fazer grandes questionamentos pessoais. A questão é que até mesmo esses foram atingidos pela onda de mudanças que enfrentamos nesse momento.

De maneira brutal (e até chocante para alguns), a pandemia de covid-19 obrigou as pessoas a desenvolver novas habilidades, catalisando mudanças que talvez demorassem mais a acontecer de maneira orgânica. Os que só faziam seu trabalho no escritório e deixavam o preparo das refeições para especialistas (os restaurantes) tiveram de aprender a cozinhar. Mimados pelos técnicos da área de informática, executivos precisaram aprender a navegar no mundo virtual, a usar aplicativos de reunião e a cuidar dos *bugs* recorrendo apenas a indicações virtuais.

O fato é que nossa vida física se misturou à realidade digital de modo definitivo, sem chance de separação. Hoje, somos tanto indivíduos de carne e osso quanto avatares de bits e bytes. Por isso, além do que vivemos no mundo físico, há o que somos no mundo virtual, uma evolução tão profunda quanto rápida para a humanidade. Imagine que em 1992 – há apenas três décadas! – a internet era quase uma ficção, uma novidade a que só uns poucos acadêmicos privilegiados tinham acesso. Hoje, tudo se faz pela web. Do contato com a família até os negócios bancários, passando por compras e reuniões de trabalho, tudo tem uma dimensão digital.

O próximo passo nessa linha evolutiva é o metaverso, o universo em que todos teremos avatares (que obviamente serão mais bonitos e ágeis do que somos de fato) e viveremos parte das nossas existências interagindo com outros avatares. Será uma nova dimensão da individualidade, que não terá as restrições de um mundo em que a gravidade e o envelhecimento nos limitam e que permitirá que cada um seja o que quiser ser. No metaverso, uma senhora obesa de 70 anos poderá ser uma bailarina e permitirá que ela se veja de outra forma, ou o garoto de 6 anos que quer ser o grande atleta de futebol e, por aí em diante. Hoje, esse tipo de vivência já acontece para os jogadores de videogames. O próprio termo metaverso surgiu em uma obra de ficção chamada *Snow Crash*, de Neal Stephenson,[57] na qual um simples entregador de pizza pode ser um príncipe guerreiro na dimensão digital.

Para completar, há o aspecto corporativo e comercial do metaverso, em que equipes poderão colaborar em ambientes digitais, mesmo que fisicamente cada membro esteja em um continente diferente. Ou seja, o que antes era ficção, e se tornou brincadeira, migrou para a vida corporativa.

---

[57] STEPHENSON, N. **Snow Crash**. São Paulo: Aleph, 2022.

"O próximo passo nessa linha evolutiva é o metaverso, o universo em que todos teremos avatares (que obviamente serão mais bonitos e ágeis do que somos de fato) e viveremos parte das nossas existências interagindo com outros avatares.

Conforme o nosso "eu digital" toma cada vez mais protagonismo em relação às interações físicas, percebemos que, para muitas pessoas, o mais desafiador é redefinir o seu lugar na cadeia produtiva, enfrentando seus preconceitos de classe e sua arrogância intelectual e percebendo que, mais do que desejável, é *necessário* ser versalista para sobreviver na nova ordem econômica.

O interessante é que essas mudanças, tanto no aspecto pessoal quanto no profissional, inexoravelmente se refletem no consumo. Na sociedade pós-tudo em que vivemos, as pessoas se revelam na hora de adquirir bens e serviços. Muitas das mudanças de alma e estilo de vida acabam se consolidando nos corredores dos supermercados, no extrato bancário e nas faturas do cartão de crédito. Em grande medida, somos o que consumimos – e compramos de acordo com o que somos.

O principal efeito disso é que tudo o que se sabia sobre marketing precisa ser reavaliado – e os profissionais dessa área precisam se reinventar. Tudo deve ser questionado. Conceitos como público-alvo, definido por dados demográficos e geográficos, passam a ter um peso muito diferente do que há apenas cinco anos – afinal, o e-commerce e a logística de entrega refinada mudaram o tamanho do mercado para muitos itens.

Se as prioridades de vida já são outras, as de compra também mudaram. Comprar on-line agora é coisa de vovó, e o consumismo é visto com olhos críticos pelos mais jovens. Ou seja, junto com a mudança da sociedade, os profissionais de marketing precisam rever suas certezas e enxergar seus desafios de maneira mais ampla se quiserem encontrar soluções mais adequadas tanto no aspecto de imagem de marca quanto no de vendas propriamente ditas.

Em todos os níveis e funções, uma coisa é certa: as empresas não querem mais autômatos sem criatividade. Querem pessoas completas, que vivam e sintam em diversas direções, capazes de contribuir com o seu desejo de inovação. As corporações que se mantiverem

A GRANDE ESTRATÉGIA DE EVOLUÇÃO NOS NEGÓCIOS

presas ao modelo linear fordista correm o risco de se perder no tempo, de não participar da complexa equação da nova economia, que, para conquistar e reter clientes, considera inovação tecnológica tão importante quanto diversidade social e correção ambiental.

As empresas, tanto quanto as pessoas, precisarão se desenvolver esfericamente para conquistar o futuro. É hora de Fellini e não de Chaplin.

> **Nossa vida física se misturou à realidade digital de modo definitivo, sem chance de separação.**

CAPÍTULO II
Empresa versalista: o futuro já começou

Realizando um salto qualitativo no conceito de diversificação, as empresas versáteis costumam trazer um elemento inovador e disruptivo para os mercados em que participam.

V ersatilidade – capacidade de fazer coisas diferentes com igual habilidade – é um conceito que, oposto à ideia de especialização, vem se mostrando cada vez mais aplicável à atuação de empresas que diversificam seus negócios atuando em outros setores de modo a revolucioná-los. A combinação de foco no cliente com propósito inspirador das equipes é o que alavanca suas iniciativas – mesmo as mais ousadas.

A maior parte das empresas é especialista em um produto ou segmento. Esse movimento chegou ao auge no século XX, quando algumas marcas tornaram-se sinônimos dos seus produtos – Band-aid, Xerox e Post-it são algumas delas. O século XXI trouxe novos valores e atitudes, tanto de companhias quanto de consumidores, e, nessa esteira, vemos com cada vez mais frequência marcas sendo bem-sucedidas em setores diferentes daqueles em que se especializaram.

As empresas versalistas – neologismo que expressa oposição à palavra especialista – vão além de adotar as clássicas estratégias de diversificação e partem para a disrupção, revolucionando os mercados em que atuam. A Apple fez isso com a telefonia celular; a Netflix, com a distribuição e a produção de conteúdo; a Virgin fez primeiro com o varejo e depois com a aviação; a Amazon, com a edição de livros; e o Google pretende fazer com a indústria automobilística.

Normalmente, a diversificação é uma maneira de não ser surpreendido por uma alteração brusca no mercado. É a clássica tática de não pôr todos os ovos na mesma cesta – estratégia com que os investidores do mercado financeiro se preocupam o tempo todo. O bilionário Warren Buffett, inclusive, critica essa estratégia: "Diversificação é proteção contra a ignorância. Não faz muito sentido se você sabe o que está fazendo".[58]

De fato, conhecer um mercado a fundo e especializar-se nele pode dar bons resultados para quem investe em bolsa de valores. Mas o tipo de diversificação no qual as corporações versalistas têm investido são justamente os negócios que causam surpresas (de todo tipo, boas e más) para quem espera dividendos de ações.

Para as empresas versalistas, diversificar não é uma espécie de seguro contra um dia de chuva, é fazer chover em um mercado que anda ávido por mudanças e novas propostas – e isso pode acontecer tanto em mercados estagnados quanto naqueles em plena ebulição. A questão não é o perfil do mercado em que se está entrando, mas a revolução que se pode fazer nele. E esse é o tipo de movimento que mexe com o preço das ações. Basta observar o que aconteceu no mercado quando a Apple lançou o iPhone: sua valorização recorde e a desvalorização das concorrentes. Nem o investidor Warren Buffett, superespecializado no mercado de telefonia, tinha como prever o movimento disruptivo orquestrado por Steve Jobs.

Quando a Amazon decidiu ir além de vender livros e passou a editá-los, causou um maremoto no segmento de editoras. O mesmo

---

[58] 10 AVOIDABLE mistakes forex day traders make. *A2Z Business*, 2022. Disponível em: https://a2zbizns.com/9873/. Acesso em: 29 ago. 2022.

> "A questão não é o perfil do mercado em que se está entrando, mas a revolução que se pode fazer nele."

fenômeno tende a se repetir em qualquer setor no qual Jeff Bezos decida investir, seja venda de comida orgânica, seja planos de saúde. O fato é que as companhias versalistas desenvolvem um know-how para a diversificação com disrupção e podem repetir o movimento sempre que encontrarem uma boa oportunidade.

A empresa versalista tem anatomia de gestão peculiar. Tubarões nadam, focas nadam, patos nadam, mas o estilo de cada um, a velocidade, a profundidade e as limitações são diferentes. Algumas companhias diversificam, outras entram em outros mercados para mudar paradigmas e transformar tudo. Essa naturalidade para a ousadia em uma organização em geral parte de seus fundadores e gestores. São as lideranças que criam times inclusivos, com pessoas de várias formações técnicas e históricos pessoais diversificados, que tendem a ser mais abertos à inovação do que equipes homogêneas.

Outro traço característico dos versalistas é seu inconformismo em relação ao status quo. Essa atitude torna plausível um site de buscas prototipar um carro autônomo, ou um designer de computadores criar um telefone que tenha só um botão ou mesmo nenhum.

Corporações versalistas como Google, Apple, Netflix, Virgin, Tesla e outras desenvolvem projetos com o apetite típico das startups. Para isso acontecer, é preciso que seus colaboradores se mantenham famintos – como Steve Jobs aconselhava – e não tenham receio de errar. Claro que soa romântico dizer que errar faz parte e que, na pior das hipóteses, ganha-se experiência. Na contabilidade das grandes organizações, no entanto, o erro vai para a coluna dos prejuízos e não passa impune pelo departamento financeiro. Já no contexto das startups, a experimentação faz parte do plano de negócios. Então, **para que a dinâmica da diversificação ocorra de maneira construtiva, as empresas versalistas adotam a mentalidade de *venture capitalists* em relação aos seus projetos mais ousados**, especialmente quando eles implicam entrar em um novo mercado. A dinâmica financeira que rege esses projetos é a mesma das startups – ou seja, os prazos para o retorno sobre o investimento são medidos em anos e não em meses.

O exemplo da Apple com o iPhone é perfeito. A empresa se aventurou em um mercado que, até 2007, era dominado pela Nokia e Motorola, com a Samsung correndo por fora em busca de espaço. Até a tecnologia e o design aplicados aos aparelhos estavam indo em outra direção. A Nokia, líder mundial, investia em aparelhos com teclado, para facilitar as mensagens de texto. As câmeras estavam melhorando, mas ninguém ligava muito para a exibição das fotos nos aparelhos. A Apple mudou tudo isso. Seu slogan *Think different* se materializou no iPhone e conquistou o mundo, e rapidamente os aparelhos celulares ficaram responsáveis por mais da metade do faturamento da empresa.

Esse lançamento deixou claro que os seguidores da Apple estavam prontos para apostar no que quer que ela propusesse. Se a logomarca da maçã mordida aparecer em caixa de gelatina, tênis ou helicóptero, o consumidor reagirá com entusiasmo, e por dois motivos: ele confia na excelência técnica da marca (algo lógico e baseado na experiência); e gosta de se sentir parte da magia dessa marca, apreciando sua estética, admirando seu propósito e acreditando no lema *Think different* – motivos subjetivos e imateriais, ligados ao histórico e personalidade da empresa fundada por Steve Jobs.

Ter ativos imateriais fortes é outra característica das versalistas. Sua capacidade de manter o interesse dos consumidores no foco de seus projetos, a força do seu propósito e seu posicionamento em relação a questões sociais – sustentabilidade, aquecimento global, empoderamento feminino e trabalho justo – lhe dão credibilidade, o que se reflete nas vendas. As pessoas prestigiam suas iniciativas. A empresa pode ser versátil porque tem valores consistentes, e isso é percebido pelo público.

Pode soar óbvio, mas é preciso deixar claro: **para ser uma empresa versalista é fundamental ter vocação e aptidão para a**

> A versatilidade é o ativo do futuro.

versatilidade. A **vocação** vem desse desejo constante por desenvolvimento que se expressa ao aproveitar oportunidades, melhorar a vida do consumidor, revolucionar mercados e fazer o futuro. A **aptidão** está em criar a musculatura necessária para essas iniciativas por meio de uma estrutura de gestão capaz de reconhecer e reter talentos, de uma política financeira apta para entender as necessidades dos projetos, de um marketing visionário e, acima de tudo, de sinergia entre os diferentes setores.

A empresa especialista, monolítica e super-hierarquizada é um ente surgido no século XIX que dominou o século XX, mas que terá dificuldade de sobreviver às demandas do século XXI – tanto em termos de expectativas do consumidor quanto em retorno para o investidor. As maiores companhias do mundo estão se movimentando para ganhar versatilidade e agilidade para que sua atualidade e relevância se mantenham. A tendência é que as organizações versalistas tenham maior lucratividade, tanto na ponta do consumidor quanto nos retornos para os investidores em bolsas, além de valorizar ainda mais suas marcas.

A versatilidade é o ativo do futuro.

CAPÍTULO 12
Do ego para o eco – o novo contexto ESG

> Produzir apenas para o ganho individual é uma visão míope que vem sendo superada porque, cada vez mais, o foco pessoal deve ser realizar o melhor para o ecossistema para atingir o sucesso consistentemente.

A postura do "eu contra o mundo" pode ser uma premissa dramática eficiente na ficção. É o mote da história de muitos heróis e, de maneira subliminar, se torna verdade na mente das pessoas desde a mais tenra infância. Sem dúvida, ver-se como vencedor de desafios ajuda na formação da autoconfiança e mostra que cada indivíduo tem, sim, a possibilidade de impactar o mundo.

O problema é que essa ideia do poder individual foi distorcida. Juntou-se ao "lado sombrio da força" e virou ego, acompanhado de seus vários derivados como egoísmo, egocentrismo e egolatria. Como esses filhotes do ego estão tão disseminados na nossa sociedade que chegam a virar paisagem em vários cenários, vale ir mais fundo na definição de cada um deles:

- **EGOÍSMO**: amor exagerado aos próprios interesses a despeito dos interesses das outras pessoas; exclusivismo que leva uma pessoa a se tomar como referência em tudo;

- **EGOCENTRISMO:** conjunto de atitudes ou comportamentos indicando que um indivíduo se refere sobretudo a si mesmo, de modo relativamente insensível às preocupações alheias;
- **EGOLATRIA:** amor exagerado pelo próprio eu; culto de si mesmo.

Vejam que o ego é como um buraco negro, que consome toda a luz em volta de si mesmo e não devolve nada além de escuridão. Por isso, é preciso estarmos sempre atentos para a qualidade de nossas atitudes e nossos sentimentos, e uma maneira eficiente de fazer isso é conscientizando-se sobre a diferença conceitual entre os prefixos "ego" e "auto".

Autoestima, autocuidado, autoconfiança, autorrespeito são a base para uma vida saudável e feliz, e impactam diretamente as atividades profissionais, a dinâmica das empresas e o todo social e econômico nas escalas local e global.

Mas se nos dois casos o referencial é o indivíduo, por que um é bom e outro é ruim?

A resposta é a intenção e o resultado. Quando o conceito começa com "auto", a intenção é o fortalecimento pessoal e a ampliação da capacidade de ajudar os outros e o conjunto de que se faz parte. Já quando o prefixo é "ego", a busca é poder para dominar o todo de maneira individualista.

Um dos equívocos mais cruéis da nossa sociedade tem sido, ao longo dos últimos séculos, interpretar o egoísmo como parte legítima do sistema capitalista, quando na verdade ele é uma distorção.

O capitalismo premia a iniciativa, a adaptação e a capacidade de comunicação com a geração de riqueza e pressupõe um mercado em que todos ganham. O vendedor ganha por seu trabalho e o comprador ganha com o acesso ao produto ou serviço. O mercado de capitais floresce quando todos estão lucrando e a especulação se dá a partir da possibilidade de bons resultados das empresas. Quanto mais se estuda o capitalismo como ele deve ser, mais se percebe que existe uma espiral positiva de iniciativas que premiam as melhores práticas – vamos voltar a isso daqui a pouco! – e que leva à riqueza das nações, como diria Adam Smith.

Entretanto, em algum momento pós-Revolução Industrial, o ego passou a falar mais alto, e muitos indivíduos (e as empresas em que atuavam) começaram a agir como se imposições, exploração e ignorância fossem parte legítima do jogo do mercado. Não são. Adam Smith descreveu a "mão invisível" do mercado e jamais disse que a economia ou uma empresa deveria ser gerida com "mão de ferro".

Foram séculos até que essa distorção do capitalismo fosse identificada. Mas as cláusulas verdadeiras do contrato social que rege o mundo capitalista começaram a emergir e trouxeram uma nova ética que colocaria as melhores práticas ambientais, sociais e de governança como referenciais para o desenvolvimento da atividade econômica, ganhando o nome de ESG, *Environmental, Social and Governance*.

A expressão surgiu em 2004, quando foi divulgado o Who Cares Wins Report [Quem se importa ganha, em tradução livre],[59] relatório que se refere aos fatores não financeiros que fazem parte do processo de identificar e avaliar riscos e oportunidades de crescimento em empresas. O documento em que a expressão *Environmental, Social and Governance* (ESG) surge pela primeira vez foi o resultado de uma iniciativa da ONU realizada em conjunto com instituições financeiras para celebrar e reforçar as melhores práticas.

O Who Cares Wins Report foi endossado por vinte dos maiores fundos e bancos do planeta. Nada poderia ser mais eloquente para provar que a preocupação com sustentabilidade, preservação (ambiental); diversidade, equidade e inclusão (social); gestão, *compliance* e transparência administrativa (governância) deve ser transversal para quem quer sucesso no cenário econômico-financeiro globalizado.

Hoje, o ESG é prioridade no discurso de algumas das pessoas mais influentes do cenário mundial, como Larry Fink, CEO

---

[59] PICKERT, L. ESG: qual sua urgência e conexão no mercado de negócios inovadores? AAA Inovação. Disponível em: https://blog.aaainovacao.com.br/esg-inovacao/. Acesso em: 29 ago. 2022.

da BlackRock, maior gestora de fundos do planeta. Fink é um dos maiores defensores das boas práticas de ESG nos últimos anos. No seu discurso de 2022 disse, inclusive, que já passou a hora da conscientização e que é necessário partir para ações concretas e urgentes. A preocupação dele com o futuro tem tudo a ver com os fundos de longo prazo que a BlackRock administra. Ele reforça que, para que o futuro exista, é preciso agir hoje.[60]

Empresas ESG têm mais futuro, e isso se revela na sua performance nas bolsas de valores. Um estudo da consultoria brasileira Economática[61] mostra números eloquentes: na Bovespa, as empresas alinhadas com ESG renderam cerca de 10% a mais que a média das companhias de capital aberto entre 2005 e 2021.

Em menos de vinte anos, o movimento ESG cresceu de uma iniciativa de responsabilidade social corporativa lançada pelas Nações Unidas para um fenômeno global que representa mais de 30 trilhões de dólares em ativos sob gestão.[62] E a evolução tem sido rápida. Somente no ano de 2019, um capital total de 17,67 bilhões de dólares fluiu para produtos vinculados a ESG, um aumento de quase 525% em relação a 2015, de acordo com a consultoria Morningstar.[63]

Tudo isso mostra a vitória do ecossistema de negócios sobre o egocentrismo de indivíduos, empresas e até governos que passam por cima do cuidado com o ambiente e com as pessoas para atender aos seus objetivos de lucro imediato e egoísta.

Mas a evolução pessoal em direção a uma vida com mais propósito e harmonia – desejos típicos da Era de Aquário – está fazendo

---

[60] FINK, L. Carta de Larry Fink aos CEOs 2022: O poder do capitalismo. **BlackRock**. Disponível em: https://www.blackrock.com/br/2022-larry-fink-ceo-letter. Acesso em: 22 ago. 2022.

[61] MANCINI, C. Lucratividade sustentável. **Explore**, ed. 4, jun. 2021. Disponível em: https://ccbc.org.br/camara-comercio-brasil-canada/publicacoes/revista-ccbc/revistas-ccbc-2021/. Acesso em: 29 ago. 2022.

[62] BILBAO, A. Por que trilhões de dólares estão indo para o setor da sustentabilidade? **Exame**, 19 ago. 2021. Disponível em: https://exame.com/colunistas/andres-bilbao/por-que-trilhoes-de-dolares-estao-indo-para-o-setor-da-sustentabilidade/. Acesso em: 22 ago. 2022.

[63] PICKERT, L. *op. cit.*

com que uma nova consciência individual com efeitos coletivos esteja em disseminação endêmica pelo planeta. Os mais sensíveis ao vírus do "eco" são os mais jovens. As gerações Z e Y (os Millennials) são nativas desse conjunto de valores, e cada vez mais pessoas da geração X e *baby boomers* estão migrando para esse tipo de consciência em que o ESG é o contexto e o ponto de partida para todas as ações.

Essa é uma jornada que já está em curso. Várias empresas são precursoras desse movimento ESG e se tornaram referência de sucesso em diversas frentes. A brasileira Natura é um exemplo. Fundada em 1969 por Antônio Luiz Seabra, Pedro Passos e Guilherme Leal para atuar no setor de higiene pessoal, perfumaria e cosméticos, seu conceito central é o respeito ao meio-ambiente e a valorização das pessoas que a fizeram se tornar uma multinacional brasileira dona das marcas Avon, Natura, The Body Shop e Aesop, com presença em mais de 110 países e receita líquida consolidada de 36 bilhões de reais. Ou seja, uma potência global. O que demonstra que o ESG é um caminho para o sucesso.[64]

Por ter a autoestima feminina como foco, não só como clientes mas também com oportunidades, em 1974 a Natura adotou o sistema de venda direta por meio de consultoras. Possibilitando que mulheres de todas as faixas de escolaridade tivessem oportunidades de trabalho e renda (principal ou complementar). Hoje, mais de 8 milhões de consultoras fazem o trabalho de venda direta.

A Natura também foi pioneira na área da comunicação, ainda nos anos 1990, com sua celebração à "beleza de verdade", tema com enorme capacidade de aumentar a autoestima feminina, rompendo estereótipos já consolidados em relação à estética um tanto quanto preconceituosa e limitante e incluindo padrões de beleza de todas as cores, tamanhos e idades.

---

[64] GUBERT, S. CASE Natura – ESG (governança corporativa, diversidade e sustentabilidade). AAA Inovação. Disponível em: https://blog.aaainovacao.com.br/case-natura-governanca-corporativa/. Acesso em: 5 set. 2022.

A GRANDE ESTRATÉGIA DE EVOLUÇÃO NOS NEGÓCIOS

O trabalho de conscientização ambiental que a empresa faz combina o aspecto social e a governança. Ao mesmo tempo que utilização de refis e reciclagem de embalagens faz o valor dos produtos ficar mais atrativa, seu uso também cria consciência ambiental.

A linha Natura Ekos, lançada nos anos 2000, baseaia-se em ativos da biodiversidade da Amazônia. Sua implementação tem ajudado a manter a floresta de pé ao passo que ajuda as comunidades ribeirinhas, pois a coleta de matérias-prima ajuda a gerar renda para os moradores. De acordo com o relatório anual da empresa de 2021, 58 comunidades foram beneficiadas o projeto. A linha Ekos é certificada pela União para Biocomércio Ético (UETB) e teve um papel fundamental para que os brasileiros conhecessem e valorizassem a biodiversidade amazônica. Na verdade, a empresa estabeleceu um objetivo de proteção à Amazônia com desmatamento zero e ampliação dos bio ingredientes de 38 para 55 antes de 2030.

A Natura começou a medir seu impacto de carbono em 1998 e, desde 2007, é carbono neutro. Em 2014, foi a primeira companhia de capital aberto de origem brasileira a conquistar a certificação internacional do Sistema B, que analisa práticas de sustentabilidade industrial, diversidade entre os colaboradores, presença de mulheres em cargos gerenciais e até a possível existência de ocorrências negativas como denúncias de qualquer tipo ou multas.

Em termos de empoderamento feminino, o grupo Natura & Co se comprometeu a ter 35% de mulheres na alta liderança (vice-presidente e acima) e 50% no Conselho de Administração até 2023. Outro compromisso importante é garantir a paridade de gênero e remuneração igualitária entre toda a força de trabalho global – mais de 35 mil colaboradores diretos, em todo o mundo.

Ou seja, com atuação no ambiental, no social e com uma governança diferenciada, a empresa vem mostrando que se afastar do ego e investir no ecossistema – natural, social e de negócios – é o caminho para a prosperidade.

O ESG está no DNA de muitas organizações brasileiras que vêm registrando crescimento exponencial e aumentando rapidamente a sua presença internacional. A Boomera-Ambipar, empresa de economia circular, é um exemplo de companhia nativa do mundo ESG, porque trabalha com gestão e valorização de resíduos e tem conexão com mais de quinhentas cooperativas de catadores. Hoje, a empresa está em dezessete países, e o Guilherme Brammer Jr., fundador e CEO, foi premiado na edição 2022 do **Fórum Econômico Mundial de Davos** por atuação social e pelo impacto ambiental positivo do trabalho de reciclagem.[65]

Algumas empresas do setor de serviços também têm se destacado por suas políticas de inclusão e diversidade. Em 2022, a agência especializada em marketing de influência e entretenimento Music2Mynd ganhou o Selo IGUAL, do Women's Music Event (WME), que celebra a igualdade de gênero, reconhece profissionais, empresas e festivais que promovem um mercado mais justo e igualitário e contratam mulheres, pessoas trans e não-binárias para suas equipes e line-ups no Brasil. Desde a sua criação, em 2017, a Mynd luta por ampliar a diversidade e inclusão na publicidade e, em 2022, chegou a mais de quatrocentos colaboradores, dos quais 70% são mulheres, pessoas pretas e LGBTQIAP+.[66]

Os exemplos são muitos e sempre muito inspiradores, o que nos mostra que existe uma inegável evolução de mentalidade na sociedade que nasce na dimensão pessoal e individual e transborda para as iniciativas corporativas a ponto de se refletir nos resultados financeiros.

O entendimento de que as empresas tinham um papel importante em, como diria Gandhi, "fazer as mudanças que queremos ver no mundo" foi se desdobrando na sociedade e, em 2011, a revista Harvard Business Review publicou um artigo de Mark Kramer e Michael Porter

---

[65] CAUTI, C. Vamos acabar com os aterros no Brasil, diz CEO da Boomera-Ambipar. **Exame**, 24 maio 2022. Disponível em: https://exame.com/invest/mercados/vamos-acabar-aterros-brasil-boomera-ambipar/. Acesso em: 5 set. 2022.

[66] AGÊNCIA Mynd anuncia vagas de emprego para pessoas trans. **Gay Blog BR**, 27 jul. 2022. Disponível em: https://gay.blog.br/trans/agencia-mynd-anuncia-vagas-de-emprego-para-pessoas-trans. Acesso em: 5 set. 2022.

chamado *Criação de valor compartilhado*.[67] Nele a dupla de gurus do marketing define que criar valor compartilhado envolve a geração de valor econômico de maneira a criar também valor para a sociedade por meio do enfrentamento dos seus desafios e necessidades.

Kramer e Porter deixam claro que *shared value* não é responsabilidade social, filantropia nem mesmo sustentabilidade de maneira isolada e, sim, uma maneira inovadora de enxergar relações de contribuição mútua entre o mundo corporativo e a sociedade em um "ganha-ganha" de grandes proporções, no qual as empresas direcionam seu olhar para demandas sociais não atendidas, ao mesmo tempo em que agregam valor para os negócios.

O fato é que mesmo antes desse conceito ter sido batizado por Porter e Kramer, várias organizações já faziam parcerias sustentáveis com comunidades, como vimos com os exemplos da Natura e da Ambipar, que conectaram o sucesso da empresa ao progresso social das comunidades com que se relacionam.

Quando se fala em valor compartilhado, precisamos ter em mente que esse compartilhamento abrange todos os stakeholders envolvidos na dinâmica produtiva: os produtores de matéria-prima (que precisam preservar seu modo de vida e seu meio-ambiente), os trabalhadores (que querem um ambiente saudável, ter orgulho do que fazem e prosperar), a empresa (que deseja ver seus produtos e marcas valorizados) e o consumidor (que quer ter certeza de que o seu prazer ao consumir não implica destruir a natureza nem prejudicar outra pessoa).

Está cada vez mais claro que a mentalidade ESG faz parte do ecossistema de negócios e tornou-se uma das propulsoras da economia de mercado, com papel de fundamental no capitalismo globalizado. Essa evolução diminui o espaço para quem atua de maneira egoísta, egocêntrica e ou ególatra. De fato, estamos saindo do ego para o eco – sem possibilidade de retorno e cientes de que esse é o rumo certo a tomar em um mundo de EvolveNESS.

---

[67] PORTER, M. E.; KRAMER, M. R. *op. cit.*

> Existe uma inegável evolução de mentalidade na sociedade que nasce na dimensão pessoal e individual e transborda para as iniciativas corporativas a ponto de se refletir nos resultados financeiros.

CAPÍTULO 13
Minimalismo e empresa consciente

**Como os 4 Es podem fazer as empresas
entenderem melhor o seu presente e, assim,
evitar o medo do futuro.**

Entregar o básico deveria ser automático, certo? No entanto, a definição do que vem a ser "o básico" no mundo corporativo é muito mais complexa do que supõe a vã filosofia da maior parte dos gestores. Em muitos negócios, o tal "básico" não é exatamente o produto físico que é vendido. Cada vez mais, o "básico" que os consumidores esperam é um tanto mais complexo. Essa dissonância cognitiva do que é fundamental em uma relação empresa-cliente prova que, no universo corporativo, as entregas, funções e vocações são bem mais voláteis do que parecem à primeira vista, porque a visão do público em relação a uma marca se transforma de maneira contínua, e as lideranças corporativas precisam estar preparadas para essa dinâmica.

Diante dessa impermanência constante, é ainda mais crucial que gestores e equipes se mantenham em contato com o presente de uma maneira **positiva, criativa e consciente** para poderem atuar de modo decisivo no sentido de **manter o contato com o** agora, de preservar a conexão com o seu propósito e seguir rumo ao futuro com confiança.

==Para conquistar a longevidade que toda empresa deseja, é fundamental abrir os olhos, a fim de enxergar o presente e atender às demandas do consumidor de hoje e de amanhã, que podem ser muito diferentes das que existiam anos atrás.==

Uma maneira de manter os pés firmes no presente é refletir sobre a capacidade da sua empresa de atender aos 4 Es: elegância, eficiência, eloquência e êxito que constituem o Sistema de Estratégia Minimalista.

Se as equipes tiverem clareza em relação aos 4 Es, certamente estarão sintonizadas com o presente e mais preparadas para lidar com o futuro. Cabe aqui uma advertência: quando falamos de futuro estamos nos referindo ao próximo trimestre, ao próximo triênio e aos próximos trinta anos. Sim, encarar as diferentes faces do futuro pode ser tão assustador quanto perceber a sua enormidade e importância. A consciência sobre o futuro é, de fato, impactante, mas não deve jamais ser maior do que a importância do presente.

Muitas empresas se preocupam tanto em se preparar para o que está adiante que se esquecem de viver o presente, de fazer o que precisa ser feito de imediato. Algumas cedem ao modismo de querer inovar sempre e acabam não fazendo o básico, aquilo que os seus consumidores querem delas agora. A questão é que nem sempre o que os consumidores esperam de uma marca corresponde exatamente ao produto físico que elas entregam. Esse desencaixe entre a expectativa dos clientes e os investimentos na busca por inovação muitas vezes compromete os resultados financeiros das empresas – acarretando prejuízo, que pode ser uma pequena queda nas vendas, uma leve desvalorização da marca ou até comprometer a continuidade de uma organização.

No final da primeira década do milênio, digamos em 2007, os executivos da Blockbuster estavam mais preocupados em descobrir localizações-chave para as suas lojas de locação de vídeo do que em desenvolver maneiras de entregar vídeos via download. Enquanto isso, a Netflix investia em downloads, em aumento de repertório e em programação exclusiva. Em 2012, a Blockbuster já não existia mais.[68] Foi engolida pelo aumento da capacidade de download oferecida pela internet de banda larga, bem mais rápida e conveniente. A incapacidade de certas equipes de enxergarem o óbvio sobre a evolução do seu próprio negócio é assustadora.

Ignorar a inovação tecnológica e seus impactos no comportamento do consumidor é um luxo que os gestores de qualquer tipo de negócio, do pipoqueiro ao fabricante de aviões, não podem se dar. O princípio da **elegância** exige que as empresas estejam sempre à serviço do conforto dos seus clientes, e isso inclui incorporar as novidades tecnológicas. Por outro lado, o princípio da **eficiência** costuma indicar que a inovação, mesmo que exija investimentos para ser implantada, tende a gerar redução de custos ou aumento de receita como consequência.

Mas tudo deve ser feito de maneira equilibrada. É importante notar que a busca desenfreada, e muitas vezes equivocada, por inovação vem gerando uma endemia de sofrimento no mundo corporativo. As incertezas em relação ao futuro torturam as lideranças e desorientam as equipes – ou o que é pior: desorientam lideranças e torturam equipes. A cura para as dores da inovação passa pelo autoconhecimento e pela busca por mais sabedoria dentro das empresas, o que em si só já é um grande desafio.

Um dos caminhos pode ser a aplicação no mundo corporativo de técnicas **mindfulness**. Esse conjunto de técnicas e processos psicológicos voltados a **conduzir a atenção ao momento presente** é eficaz para produzir mais autoconhecimento e promover a sabedoria – e pode (até deve) ser aplicado no contexto corporativo. Afinal, só

---

[68] O DIA em que a Blockbuster não comprou na Netflix. **Storytellers**. Disponível em: https://www.storytellers.com.br/2013/11/o-dia-em-que-blockbuster-nao-comprou.html. Acesso em: 5 set. 2022.

conhecendo bem suas forças e fraquezas, a equipe poderá encontrar o caminho evolutivo mais acertado.

Conforme Michael Porter assinala, é fundamental que as empresas entendam as forças objetivas que incidem sobre o seu negócio:[69]

- Competição e rivalidade;
- Poder do fornecedor;
- Poder do consumidor;
- Ameaça de substituição;
- Ameaça da entrada de novos competidores.

Observe que todas essas ameaças que Porter aponta são externas à empresa. Identificá-las e administrá-las é fundamental. Mas é só uma parte do desafio. Imagine que a sua empresa é um time em um campeonato. Nesse contexto, as forças de Porter equivalem a tudo o que acontece do vestiário para fora: quem é o outro time, em que campo se está jogando, a qualidade do gramado, o estilo de apitar do juiz e até a posição dos times na tabela.

Já o estudo dos 4 Es e as técnicas de mindfulness são o que deve ser observado da porta do vestiário para dentro. A equipe sabe o que quer e desenvolveu seu estilo de jogo (elegância), treinou bastante e está em plena forma física (eficiência); desenvolveu jogadas que aproveitam o melhor dos talentos do time (eloquência) e está motivada com os seus resultados anteriores (êxito).

Além de observar os 4Es, é necessário também que a equipe esteja sintonizada com os detalhes do dia da partida. É preciso estar consciente do estado físico de cada componente, entender a incidência de luz no estádio, a temperatura, a umidade; enfim, perceber

---

[69] CASAROTTO, C. As 5 forças de Porter: quais são elas e como entender o conjunto de fatores que influenciam no sucesso do seu negócio? **Rockcontent**, 11 dez. 2020. Disponível em: https://rockcontent.com/br/blog/5-forcas-de-porter/#:~:text=As%205%20For%C3%A7as%20de%20Porter%20s%C3%A3o%20um%20framework%20de%20an%C3%A1lise,influenciam%20o%20sucesso%20dos%20neg%C3%B3cios. Acesso em: 22 ago. 2022.

como cada detalhe do momento presente pode afetar o seu desempenho naquele dia. Isso se faz com as técnicas de mindfulness.

O processo de **visualização do presente** em uma empresa passa por cinco etapas:

Forma: observe e mapeie os departamentos do seu negócio, analise como eles se conectam e como a energia, o trabalho e a comunicação flui de um para o outro. Seguindo com a analogia do time de futebol, isso equivale a cada jogador entender e se conscientizar do seu papel na escalação. Dependendo do que for determinado pelo técnico, a atuação de cada um pode ser mais ofensiva ou defensiva, mais criativa ou conservadora;

Sensações: perceba os impactos dos resultados – tanto dos bons quanto dos medíocres ou ruins. Muitas vezes um resultado bom leva à acomodação. Por outro lado, um resultado ruim pode ativar o desejo de vitória. Nos esportes em equipe, isso é muito fácil de perceber. Quando as jogadas ensaiadas não funcionam ou um craque não está em um dia bom, a equipe sente. Alguns times conseguem ajustar sua atuação, outros se perdem. Foi o que aconteceu na eliminação do Brasil na Copa de 2014 no jogo em que perdeu da Alemanha com o traumatizante placar de 7 a 1. Do lado da Alemanha, tudo funcionou como um relógio, do lado brasileiro, o desequilíbrio foi paralisante;

Percepções: fique alerta. Não é raro sermos enganados pelas nossas próprias percepções. Ao praticar a atenção plena, a concentração e o olhar em profundidade, descobrimos novas dimensões da realidade e podemos entender os erros de abordagem que estamos cometendo em relação aos problemas. Os bons times se ajustam rapidamente diante de mudanças que vão ocorrendo durante a partida;

Formações mentais: é o momento de aceitar realidades, entender os problemas, buscar soluções e ser criativo. Isso é importante tanto quando o placar está favorável quanto quando a equipe está perdendo. Se o placar vira, os times bem-treinados fecham a defesa e/ou partem para o contra-ataque;

> Só conhecendo bem suas forças e fraquezas, a equipe poderá encontrar o caminho evolutivo mais acertado.

Consciência: é a hora da visão crítica, de entender os impactos das soluções e ações desenvolvidas. Note que isso significa observar o momento e tirar uma fotografia dele. Essa é a hora de ser estratégico, de usar as percepções e formações mentais para orientar ações. Se os jogadores estiverem com suas percepções bem aguçadas, usam o cansaço da defesa adversária a seu favor ou buscam neutralizar seus craques.

Para poder realizar esses cinco passos e sentir o que está acontecendo em tempo real na empresa e no mercado, é preciso contar com a colaboração dos profissionais no sentido de todos agirem em sinergia, o que requer que a comunicação seja incentivada. É impossível fazer esse tipo de integração sem alinhar os diversos níveis de liderança. Cada profissional e cada líder de setor deve parar e olhar para os seus processos e entender quais são os inputs mais importantes, o que está causando ansiedade, o que pode estar gerando estresse e reconhecer o que está motivando sua atuação e a da sua equipe. Ao escutar o que o momento presente está dizendo, é possível tomar ações imediatas. Isso ajuda a estancar ralos de energia e outras armadilhas do dia a dia.

O estado de consciência de mindfulness é, entretanto, ainda mais útil nos momentos em que a criatividade está em curva ascendente, porque permite estimular os talentos da sua equipe a dar o seu melhor.

Colocar o seu foco no presente e evitar julgamentos incômodos é um exercício e tanto. Requer sinceridade e disciplina. Somos ensinados a justificar erros, a encobrir fraquezas e a superestimar nossas vitórias. Por exemplo, um campeão sobe ao pódio, levanta a taça e estoura uma garrafa de champanhe, como se tivesse sido muito superior ao esportista que ficou em segundo lugar. Na maioria das vezes, entretanto, a superioridade não é tão grande assim. Geralmente a diferença é mínima, quase um detalhe. Pode ser alguns milésimos de segundo, uma bola mais bem colocada ou algum outro detalhe que não se traduz em uma diferença sensível entre um vencedor e um perdedor. É nessa situação que a atenção ao presente é fundamental. Ter consciência plena do momento é o que evita que o vencedor relaxe com seus treinamentos e perca na próxima competição.

Avaliar o presente e ampliar a consciência sobre a realidade da sua empresa é um processo que exige mente aberta e tranquila. O primeiro a ser considerado é que nem sempre a verdadeira entrega da companhia é o produto ou serviço descrito nos seus documentos de constituição. Nem sempre o setor em que a empresa participa fisicamente corresponde ao negócio em que ela está. Isso faz com que o "básico" que o consumidor espera dela seja bem diferente do óbvio.

Por exemplo, oficialmente a Coca-Cola está no negócio de refrigerantes. No entanto, quando se considera a percepção da sua marca junto aos consumidores, a entrega que se espera da empresa tem mais a ver com estilo de vida do que com água adoçada gaseificada. A marca, que sempre ocupa posições entre as dez mais valorizadas de acordo com o ranking da Interbrand, representa para as pessoas diversão, autoindulgência e um confortável pacote de memórias afetivas de infância. Isso faz com que o fato de o produto não estar entre os considerados mais saudáveis fique em segundo plano diante da necessidade emocional dos consumidores. Essa avaliação salva a marca, mas em termos corporativos não garante o futuro. Por isso, há mais de uma década a Coca-Cola Company vem investindo na compra de marcas de água, sucos e chás, produtos considerados mais saudáveis. Isso é saber usar o presente a seu favor.

Para o observador mais distraído, a Zara, principal marca da Inditex, maior rede de varejo de roupas do planeta, é apenas uma loja de moda. No entanto, quem olhar com mais atenção e a mente aberta vai perceber que o motor das vendas é o desejo das consumidoras estressadas pelo "empoderamento feminino" de se conceder recompensas por sua jornada de trabalho dupla. Nas lojas, as vendas não são de peças meramente utilitárias. O que está sendo comercializado é a autonomia feminina, a possibilidade de comprar alguma roupa nova e antenada com as passarelas. A consumidora da Zara não está na primeira fila dos desfiles, mas quer vestir as tendências ou peças similares às que foram desfiladas pouco tempo depois da sua estreia nas semanas de moda. Elas sabem que aquele modelo de marca famosa foi copiado, mas querem sentir o prazer de ter acesso a um mundo que antes lhes era proibido. Nesse sentido, o "inconquistável" mundo da moda das passarelas tem um claro paralelo com o "inconquistável" universo corporativo.

Há um sentido de heroísmo quase subversivo nisso. É como se a mulher trabalhadora dissesse que pode, sim, estar no mesmo universo das mais privilegiadas que vão aos desfiles e compram as marcas mais famosas. Enquanto continuar a roubar o fogo dos deuses, ou melhor, a indumentária das deusas, a marca manterá a sua relevância para as consumidoras. Graças a isso, a Zara se mantém valorizada nos rankings da Interbrand.

Uma visão ampla sobre as estratégias da empresa mostra que a magia da marca está em continuar a oferecer rapidamente peças similares às desfiladas nas semanas de moda. Por isso, não há sentido em tentar evoluir para assinar criações 100% originais. A bússola que orienta o caminho da Zara aponta para investir em agilidade mais do que em originalidade e, por isso, sempre refina seus processos de logística e sua percepção da mente da consumidora.

Entretanto, as mulheres da geração Z, por exemplo, são menos ávidas pelo consumo e valorizam menos os lançamentos de passarela do que os princípios de sustentabilidade e a ética aplicada na cadeia produtiva das roupas que vestem. Isso mostra como a atenção ao agora pode trazer informações bem diferentes e até certo ponto conflitantes.

Considerando as marcas de varejo brasileiras, vale destacar que a Riachuelo fez uma revolução na sua marca com o objetivo de oferecer ao seu público-alvo as mesmas sensações que a Zara busca oferecer. Além de criar a marca Riachuelo Casa, com moldes bem similares à marca da Inditex para roupas de cama, mesa e banho, a empresa passou em investir em formatos de vendas diferenciados em e-commerce. Por exemplo, em 2019, bem antes da pandemia, havia criado o sistema de compra on-line com pick-up dos produtos em lockers instalados nas lojas físicas que se abrem com a apresentação do QR code relativo à venda. A explicação da empresa sobre essa estratégia é que ela atenderia às aspirações da geração Z, que aparentemente gosta de ir a lojas físicas, mas prefere comprar pelo autosserviço.

A Apple, marca que várias vezes ocupou o topo do ranking da Interbrand nas últimas décadas, não faz apenas computadores ou smartphones, ela oferece a sensação de pertencer a uma elite de consumidores vanguardistas. Essa é uma realidade hoje e vem sendo assim desde que Steve Jobs reassumiu a empresa em 1997. Mas essa aura rebelde, iconoclasta e vanguardista tem apelo mais forte junto aos *baby boomers* e às gerações X e Y do que para os jovens da geração Z, para quem a sensação de vanguarda é default e não representa um diferencial. Para quem nasceu na banda larga, o que vale é preço e usabilidade.

Outra empresa valorizada por sua marca é a Amazon, que trabalha os 4 Es com maestria. É elegante porque coloca a experiência e as preferências do consumidor em primeiro lugar. É eficiente porque seus algoritmos fazem com que suas sugestões sejam as mais relevantes e porque seu processo de logística permite que as entregas aconteçam com agilidade e correção. É eloquente porque suas ações falam mais alto do que qualquer discurso de mídia publicitária – a experiência dos seus consumidores vai parar nas conversas perto da máquina de café, nas conversas em família e, claro, nas redes sociais. E, em relação ao êxito, é uma empresa que não para de buscar novas maneiras de ser presente e relevante para seus clientes – mesmo já sendo a líder do seu segmento. Na verdade, a

Amazon vem escolhendo produtos culturais para patrocinar e, com isso, dar aos seus lucros um destino nobre e coerente com sua história. Um exemplo foi co-produzir o filme *Roda gigante*, dirigido por Woody Allen.[70]

Mas talvez o modo mais claro de mostrar a necessidade de conexão com o presente para uma empresa seja ir além de analisar o sucesso e esmiuçar as razões de alguns fracassos retumbantes das últimas décadas.

Várias corporações enormes, de porte transnacional, com departamentos de marketing, vendas, pesquisa e desenvolvimento bem credenciados, desapareceram porque não souberam interpretar corretamente sinais do presente. Não perceberam os impactos do mercado de maneira clara. Não entenderam a chuva sob a qual estavam.

A lista é imensa. E inclui várias gigantes do século XX. Olivetti, Pan Am, Kodak, Nokia e muitas outras, dos mais variados setores. O mais irônico é que, enquanto algumas dessas empresas se desintegravam, os produtos que ofereciam se tornavam cada vez mais populares e acessíveis. Nunca se digitou tanto quanto depois que as máquinas de escrever viraram teclados. Antes reservado aos mais habilitados a encontrar foco e manter as mãos firmes, o ato de fotografar se disseminou largamente. Hoje, graças à facilidade dos smartphones, registrar imagens está ao alcance de todos.

Esses grandes negócios do século XX ficaram ainda maiores neste século. Só que a partir de outras premissas. Algumas empresas, como a Blockbuster, perceberam em um dado momento que o seu modelo de negócio estava condenado e, tanto quanto possível, transacionavam seu fim. Enquanto a gigante internacional da locação de filmes negociava seus espaços e demitia funcionários, os fãs de cinema consumiam títulos com voracidade cada vez maior. As tecnologias do streaming e da banda larga ampliaram o acesso e permitiram que as pessoas assistissem a conteúdo nas mais variadas telas.

---

[70] RODA gigante. Direção: Woody Allen. EUA: Amazon Studios, 2017. (1h43min).

A Blockbuster agiu como um surfista derrubado da onda, lutou para emergir e chegar na praia vivo. Ela errou na sua visão de futuro, mas quando percebeu que estava sendo engolida, agiu rapidamente.

Outro exemplo de mudança gradual, porém inexorável, ocorreu no mercado de táxis. Hoje, há muito mais pessoas que optam por motoristas compartilhados, mas dentro da lógica dos aplicativos. O modelo de negócios dos taxistas não desapareceu com a chegada dos aplicativos, mas mudou radicalmente.

Como se manter na sela diante das mudanças? A resposta é equilíbrio. O equilíbrio nasce do autoconhecimento. Como diria Porter, conhecer bem suas forças e fraquezas é o primeiro passo para começar a vislumbrar uma solução.[71]

Dentre as lições que as técnicas de mindfulness nos ensinam, a principal é que a realidade presente não deve causar preocupação, e sim dar o start a um processo de ocupação que deve ser orientado pelos 4 Es.

A percepção da realidade presente é uma ocupação e tanto, e é ela que, se estiver alinhada com os princípios de elegância, eficiência, eloquência e êxito, vai desenhar o mapa da inovação relevante. Portanto, mais do que buscar ser uma empresa inovadora, é preciso almejar ser uma empresa plenamente consciente do presente.

---

71 CASAROTTO, C. *op. cit.*

> Mais do que buscar ser uma empresa inovadora, é preciso almejar ser uma empresa plenamente consciente do presente.

CAPÍTULO 14
Evolveness em cinco atos

Essência, entusiasmo, excelência, empatia e evolução são os elementos da dimensão pessoal que são a base do conceito de EvolveNESS, um catalisador de alto desempenho profissional e empresarial.

Pense em uma estrela simétrica de cinco pontas, em que cada uma faz parte da identidade do todo. No método EvolveNESS, os elementos **essência, entusiasmo, excelência, empatia e evolução** se combinam de maneira coordenada e simétrica para formar uma mentalidade consistente e capaz de levar indivíduos, times e empresas ao seu melhor desempenho.

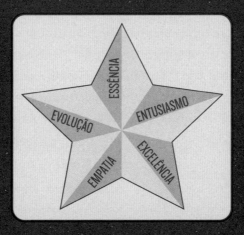

Note que esses 5 Es representam **atitudes, sentimentos e motivações que nascem, existem e valem na dimensão pessoal** e, justamente por serem espontâneos, têm força suficiente para alterar a realidade palpável dos negócios, da economia e da sociedade no sentido de construir um mundo melhor. Esse é um conceito que parte do humano para servir a humanidade.

Por isso, vale a pena mergulhar em cada um desses elementos para perceber a sua potência catalisadora de evolução pessoal e entender os impactos que podem trazer para a vida profissional, empresarial e corporativa.

Mas, antes de entrar em cada "E", vale dizer que o método EvolveNESS está para o Sistema de Estratégia Minimalista (SEM) como as *prequels* estão para as grandes franquias do cinema. EvolveNESS mostra o que tem de acontecer antes de colocar em prática os 4 Es do SEM: elegância, eficiência, eloquência e êxito, que são direcionamentos de fundo prático e voltados para a alta performance das empresas.

ESSÊNCIA

Quando falamos sobre **essência**, estamos nos referindo ao que há de mais puro, natural e espontâneo em um ser humano.[72] Interessante notar que embora tenha abordagens distintas em contextos também distintos, essência é a substância do ser.

No dicionário, é o substantivo feminino com origem no latim *essentia* e indica a **natureza, substância ou característica essencial de uma pessoa ou coisa**.[73] Na química, a essência é um **aroma ou perfume**, uma substância que, depois de purificada e concentrada,

---

[72] BARBOSA, E. Resiliência: sua chave para o sucesso. São Paulo: RG Editores, 2021

[73] ESSÊNCIA. *In*: IDICIONÁRIO Caldas Aulete da língua portuguesa. Rio de Janeiro: Lexikon, 2019. Disponível em: http://www.aulete.com.br/essência. Acesso em: 30 ago. 2022.

se mostra com toda a sua potência. No âmbito da Filosofia e da Metafísica, a essência de alguém são os **elementos característicos do ser**, como a racionalidade, por exemplo, que faz parte das características que tornam alguém um indivíduo.

Essência é, portanto, aquilo que brota do coração e é uma força fundamental para a definição do propósito de cada um. Para que esse conceito fique bem claro, vale olhar o seu avesso: não há quem consiga manter um propósito que vá contra a sua essência.

No capítulo Era de Aquário e de todos nós, falamos sobre um alinhamento planetário que coincide com uma mudança sensível nas dinâmicas tanto em nível pessoal quanto social. Nele, mostramos que há indícios claros de que estamos saindo de uma era do ter para uma era do ser em que passaremos a concentrar energias na conquista de satisfação pessoal, de equilíbrio e da felicidade.

No capítulo Hippies: o impacto que mudou o mundo, mostramos como uma filosofia de vida alinhada mais com o ser do que com o ter, pacifista e anti-*establishment* influenciou várias gerações e tocou os fundadores de algumas das empresas mais revolucionárias e poderosas do final do século XX. Não por acaso, essas companhias nasceram na mesma região geográfica, Bay Area em San Francisco, na Califórnia, considerada o epicentro do movimento hippie. Acreditar na própria essência gera a convicção necessária para quebrar barreiras e inovar. Foi o que Steve Jobs, Bill Gates e outros gigantes do Vale do Silício fizeram.

Quando somos fiéis à nossa essência, temos melhores condições de impactar o mundo. Por isso, a **essência** na dimensão pessoal é um pré-requisito para oferecer **elegância** na dimensão empresarial, porque só quem está bem alinhado com quem é consegue pensar no que seria bom e positivo para o outro. Vale lembrar que o conceito de elegância é transversal nas várias teorias sobre *customer centricity*, *user experience* e *customer success*.

Essência e elegância vêm se mostrando uma combinação poderosa no mundo dos negócios. Fundada em 2015, a startup brasileira Puravida, especializada em alimentos orgânicos, naturais, sem aditivos e de alto valor nutricional é uma empresa que, na sua essência e propósito, busca oferecer alternativas saudáveis de alimentação. Seus fundadores são entusiastas dessa ideia e, com seu portfólio de 160 produtos, viram o faturamento da organização crescer para 295 milhões de reais em 2021, o que representa crescimento de 42% em relação a 2020.

Esse tipo de entusiasmo por uma ideia tende a ser contagiante mesmo. E a prova disso é que a gigante mundial Nestlé fez uma oferta para adquirir 100% das ações da Puravida. O detalhe importante: a gigante internacional determinou que, mesmo depois da venda, os fundadores Adrian Franciscono e Flávio Passos devem continuar na gestão da empresa. Tudo indica que a maior do mundo no setor de alimentos entendeu que a evolução da marca Puravida depende do entusiasmo pessoal dos fundadores e da sua equipe.

Perceba: estar alinhado com sua essência vai levar você a viver uma vida de **entusiasmo**, de prazer em realizar, de energia positiva voltada para a criação.

ENTUSIASMO

A palavra entusiasmo é derivada do grego *enthousiasmos* que significa "ter um deus interior" ou "estar possuído por Deus".[74] Por isso, chega para nós com o significado de arrebatamento, explosão de alegria, excitação. É uma **força desenvolvida dentro de nós, uma energia** que nos estimula a agir para alcançarmos o que desejamos. O entusiasmo é aquele prazer enorme de fazer ou desenvolver alguma coisa.

---

[74] BARBOSA, E. Resiliência: sua chave para o sucesso. São Paulo: RG Editores, 2021.

O interessante do entusiasmo é que ele é um sentimento intransitivo. Ou é ou não é.

Estar entusiasmado é sentir que há uma fogueira aquecendo e iluminando naturalmente as suas ações. Mas essa energia do entusiasmo só acontece como consequência do alinhamento com a essência da pessoa. É como se a essência fosse a faísca que deu início às chamas da fogueira.

A combinação de essência e entusiasmo faz com que as **pessoas versalistas sejam capazes de brilhar** em atividades em segmentos bem diferentes do conhecimento humano, demonstrando que a razão pela qual essa pessoa ficou famosa é só uma das suas diversas potencialidades. Basta pensar em qualquer esportista que se torna comentarista para entender que a primeira escolha profissional de uma pessoa não deve limitá-la. Há empresários que se tornam apresentadores de televisão, atores que treinam como pilotos de automóvel, cantores que viram fazendeiros, publicitários que seguem carreira como artistas plásticos, cineastas que viram produtores de vinhos, juristas que escrevem poesias. Enfim, a pessoa versalista é aquela que é capaz de se entusiasmar e de realizar além das expectativas. Em um mundo de mudanças rápidas, o versalismo surge como uma oportunidade e uma potência – tanto em termos individuais como empresariais.

Outro ponto importante: para que o fogo do entusiasmo individual se mantenha queimando por muito tempo, ele precisa ser nutrido por combustível oriundo do ambiente em que se está inserido. É preciso que as empresas estimulem o entusiasmo e evitem jogar "água fria" em ideias inovadoras.

Como vimos no capítulo sobre **empresas versalistas**, é fundamental a capacidade das organizações de aproveitar novas oportunidades conforme o mercado se transforma. Esse tipo de movimento é necessariamente fruto de um time entusiasmado. E vale dizer que esse entusiasmo deve ser viral em todos que fazem parte de uma equipe. Manter o combustível para o entusiasmo é função das

> **Para que o fogo do entusiasmo individual se mantenha queimando por muito tempo, ele precisa ser nutrido por combustível oriundo do ambiente em que se está inserido.**

lideranças, que devem incentivar as pessoas com um ambiente criativo, estimulante e que premia acertos sem julgar os erros, só aprendendo com eles – a liderança de **uma empresa consciente**.

O mais interessante é observar os efeitos multiplicadores do **entusiasmo**, que faz as sinapses cerebrais ganharem velocidade, os hormônios de prazer e satisfação correrem na corrente sanguínea e, com isso, tornam a pessoa entusiasmada mais **eficiente**, ampliando suas possibilidades de alterar a realidade a sua volta.

Há uma ligação existencial entre o entusiasmo de EvolveNESS e a eficiência do SEM, porque um não existe sem o outro. A eficiência que se expressa no trabalho de uma pessoa depende do entusiasmo que ela sente em seu íntimo. Uma pessoa desmotivada não conseguirá ser cada vez mais eficiente. Ela pode entrar em campo para "cumprir tabela", mas não será capaz de fazer jogadas brilhantes. Isso nos leva à **excelência**.

EXCELÊNCIA

Mais do que um resultado da combinação de entusiasmo e eficiência, a **excelência** é um desejo tão poderoso que funciona como combustível para que uma pessoa busque ser cada dia melhor do que no anterior.

Quando falamos sobre excelência, trazemos do seu significado etimológico o sentido de "qualidade superior". Isso nos leva a uma reflexão fundamental em relação ao mercado: hoje, em um mundo globalizado e *omnichannel*, ter qualidade é default, é básico. Entregar um produto ou serviço corretamente é o mínimo viável, não entusiasma ninguém, não fideliza, não fortalece a marca.

Vale notar, porém, que o que é normal hoje, um dia foi excelente. Pense em uma televisão tela plana superfina, ou freios ABS, ou um secador de cabelos ultraleve. Todos esses produtos com os quais convivemos e que vemos como padrão de qualidade foram, um dia, sinônimo da excelência de uma empresa. Sim, o mercado consome excelência todos os dias no café da manhã. E é justamente por isso que precisamos buscá-la sempre – no entanto, isso acontece de maneira mais efetiva quando buscamos mais a excelência pessoal do que a material.

Excelência faz parte da estrela de EvolveNESS porque deve ser um desejo pessoal, uma linha de chegada para uma jornada feita com entusiasmo. A excelência nos leva para o aprendizado constante (o tal *lifelong learning*), para o desejo de sermos cada vez mais criativos enquanto nos tornamos mais humildes por termos consciência de que a excelência é 98% trabalho e 2% talento.

No capítulo **Construindo, desconstruindo, reconstruindo**, descrevemos como a destruição criativa é fundamental para manter conceitos, projetos e produtos atualizados e relevantes para o mercado e destacamos que as mudanças nas prioridades de consumo dos indivíduos direcionam o contínuo renascimento dos produtos e vice-versa.

Toda essa movimentação nos leva a perceber que, no cenário econômico, estão surgindo novos **ecossistemas de negócios** mais alinhados com o que coletivamente buscamos, como um mundo melhor, e mais comprometidos em entregar aos consumidores produtos que carregam em si conceitos poderosos, como respeito ao meio-ambiente, preservação de culturas de povos tradicionais, promoção da saúde e do bem-estar.

A busca pela excelência (seja no sentido intelectual, físico ou produtivo) impulsiona as pessoas a buscarem recordes (que podem ser tanto olímpicos quanto de vendas), a ganharem aplausos (do público ou de colegas) e a conquistarem seus objetivos. O melhor da **excelência** é que permite que as ações falem por si só, e isso, na verdade, é **eloquência**. Uma empresa excelente, um líder excelente, um profissional excelente não precisam fazer propaganda de si mesmos porque suas ações expressam a qualidade do seu trabalho.

Isto é ser eloquente: comunicar com exatidão e na medida certa, sem verborragia publicitária.

É sempre preciso, porém, ter em vista que o entusiasmo e a excelência são decorrentes da essência. No capítulo **Propósito no centro de tudo**, apresentamos a dinâmica pela qual esses elementos se combinam para permitir a evolução contínua das empresas. Mostramos que, além de participar da roda da economia diretamente com seus produtos e serviços, as organizações e marcas passaram a ter um papel fundamental na defesa de causas e nas transformações sociais.

Muitas vezes, até corporações superpoderosas, com alta capilaridade de distribuição e muito dinheiro para publicidade, como é o caso da gigante mundial Unilever, percebem que as causas em que cada marca se envolve tem um impacto mensurável na sua performance. No seu portfólio de mais de 400 marcas, a Unilever identificou 28 que crescem 69% mais rápido que as outras e que, juntas, são responsáveis por 75% do faturamento da companhia.[75] São marcas como OMO e Dove, que mostram claramente seu propósito e agem de acordo com ele, chegando a protagonizar o ativismo de causas como a autoestima feminina com a campanha Beleza de Verdade, da marca Dove, que desde 2004 defende que existem várias formas para uma mulher ser bela.

Outra gigante que trabalha com excelência o seu propósito é a Mars, que por meio da sua marca Pedigree defende a adoção de animais por meio da campanha *Adotar é tudo de bom*. Ao abraçar a causa e desenvolver várias ações nesse sentido, a marca conquistou o respeito e a admiração dos consumidores. Como definimos no SEM, a eloquência é a capacidade de uma marca de contar histórias a partir dos seus atos, é ir além do *storytelling* e chegar ao *storydoing*.

E essa possibilidade de usar a excelência como catalisador da eloquência não se restringe às empresas multinacionais. Pelo contrário,

---

[75] MARCAS com propósito são as que mais crescem na Unilever. *op. cit.*

ela tende a florescer naturalmente nas companhias menores, que se estabelecem no mercado graças ao boca a boca – físico ou on-line.

Um case recente mostra como a excelência pode ser eloquente: em julho de 2021, a Alemanha sofreu grandes inundações e muitas vinícolas centenárias na região do rio Ahr tiveram toda a sua produção arruinada.[76] Além de sofrerem o prejuízo de milhares de garrafas quebradas, os produtores perceberam que era impossível usar as que sobreviveram ao desastre. Elas estavam cobertas de lama e, com os rótulos ilegíveis, não havia como comercializar os vinhos – o que seria um terrível desperdício já que o líquido dentro das garrafas manteve todas as características de aroma e sabor da sua safra de origem. Ou seja, em essência continuavam excelentes!

Os produtores continuavam a ter orgulho dessa produção e precisavam do dinheiro mais do que nunca. O que mudou esse cenário de desastre foi o entusiasmo pela continuidade do seu negócio centenário e uma ideia eloquente: vender as garrafas cobertas de lama, como uma homenagem à resistência da qualidade dos seus vinhos perante o desastre. Os cinquenta produtores que participaram da iniciativa chamaram o vinho da inundação de "nossa pior safra" e, acompanhadas da #floodwine, os vinhos foram vendidos em leilões na internet. As garrafas viraram objeto de desejo dos enófilos, e cada uma acabou sendo vendida pelo dobro (ou até mais!) do seu valor habitual. O resultado das vendas passou dos 4,5 milhões de euros e ajudou na recuperação das vinícolas da região, algumas em funcionamento há mais de quinhentos anos.

Cases como este mostram que, mesmo em um mundo inundado de mensagens comerciais, as que demonstram ter valor genuíno conquistam as pessoas. Mas parafraseando os romanos da Antiguidade: não basta ter uma causa, é preciso parecer que a tem.[77] Transparência,

---

[76] CONNOLLY, K. 'Wine is our livelihood': locals still recovering from German floods. **The Guardian**, 15 set. 2021. Disponível em: https://www.theguardian.com/food/2021/sep/15/wine-is-our-livelihood-locals-still-recovering-from-german-floods. Acesso em: 6 set. 2022.

[77] NETO, F. B. O revés da justificativa de César. **Veja**, 17 out. 2019. Disponível em: https://veja.

aspiração, impacto positivo e empoderamento passam a ser matéria-prima do processo de prestígio de uma marca tanto quanto qualquer elemento físico ou químico que esteja nos seus produtos.

Tudo isso deixa claro que, para atingirmos esse novo estágio de eficiência e prosperidade enquanto sociedade, é preciso que as empresas sejam protagonistas e que, dentro delas, as lideranças e os profissionais atuem de maneira espontânea e genuína – por isso, aplicar o conceito de EvolveNESS se torna tão urgente.

Para mudar de um sistema egocêntrico para um sistema eco-cêntrico, como mencionamos no capítulo **Do ego para o eco: o novo contexto ESG**, é fundamental pensar no funcionamento do sistema de maneira abrangente, em todas as interações, e ter a consciência de que os atos de um impactam na existência do outro. Isso representa uma profunda revisão sobre como agimos e destaca a importância do desenvolvimento da **empatia** como degrau necessário na escada evolutiva do mundo corporativo.

EMPATIA

A **empatia** é o que faz com que a essência, o entusiasmo e a excelência sejam construtivos para a sociedade. Ser empático é ter a capacidade de compreender emocionalmente o outro e, com isso, saber reconhecer as suas dores. A empatia deve funcionar como uma alavanca para a criatividade porque inspira a busca pela solução dos problemas dos outros.

Como a empatia é uma qualidade essencialmente pessoal, ela deve brotar no indivíduo, mas só floresce se for exercida na sociedade. Só se solidarizar com alguém não é o suficiente, é preciso sentir-se no lugar do outro. A empatia muda e inerte é como piscar no escuro: não faz diferença nenhuma. Já a que acende o desejo de

---

abril.com.br/coluna/letra-de-medico/o-reves-da-justificativa-de-cesar/. Acesso em: 30 ago. 2022.

agir é útil e tem tudo para se transformar em elegância, eficiência, eloquência e êxito – os 4 Es do SEM.

Cada vez mais, a empatia é citada como diferencial, no entanto, é preciso admitir que o exercício dessa capacidade implica uma mudança de mentalidade das lideranças que, cada vez mais, precisam construir internamente um ambiente de trabalho focado em propósito e valores capazes de contribuir para uma sociedade melhor. Na base de tudo, são os gatilhos emocionais ligados a propósito e valores que levam os profissionais a se identificarem e, com isso, a motivação, o desejo por excelência e engajamento passam a ser características das equipes com resultados exponenciais.

Sem empatia, não existe negócio. Busque as maiores empresas do planeta, escolha seu ranking preferido, e eu garanto que você só encontrará organizações que trazem facilidade, economia, segurança, saúde, nutrição e beleza ou matérias-primas para isso. Ícones como Apple, Microsoft, Amazon, Google, Meta – todas oferecem para as pessoas facilidades que as empoderam.

A relevância da empatia é abordada no capítulo **O despertar do coletivo**, que foca a importância de todos nós pensarmos e agirmos de maneira solidária e empática para além de qualquer divisão geográfica, econômica, histórica, cultural ou ideológica.

A empatia tem um sentido muito mais amplo porque exige a ponderação sobre as consequências dos atos executivos de uma empresa para os stakeholders envolvidos: colaboradores, comunidade, meio-ambiente e resultados financeiros. A ideia é que todos os elementos cooperem para um ganha-ganha geral.

A linha Natura Ekos, que vimos anteriormente, é um exemplo desse tipo de ganha-ganha em larga escala. A empresa percebeu que suas clientes tinham uma preocupação ambiental e social, desejavam promover a prosperidade entre as mulheres – isso ficava bem claro pelo sistema de venda porta a porta que a organização desenvolvia e que ajudava a gerar renda para as revendedoras. Quando a

> A empatia muda e inerte é como piscar no escuro: não faz diferença nenhuma.

linha de cosméticos com princípios ativos extraídos de plantas amazônicas foi desenvolvida, a Natura levou em conta que as matérias-primas teriam de vir de cooperativas formadas pelos habitantes das comunidades da floresta, que precisavam de fontes de renda para viabilizar sua subsistência e manter o valor da floresta em pé.

Esse é um exemplo claro de como sentimentos individuais podem se coordenar para gerar um progresso social. Colocar um projeto complexo como esse em operação exige, antes de qualquer investimento, entusiasmo, desejo de excelência, foco na evolução – coisas que só acontecem quando cada pessoa do time traz dentro de si mesma, na sua essência, o desejo de fazer o melhor para si e para o mundo.

EVOLUÇÃO

Dentro do conceito de EvolveNESS, a **evolução** é o resultado da combinação de essência, entusiasmo, excelência e empatia, porque ela sempre traz a adaptabilidade necessária para a preservação da espécie. Há empresas e setores inteiros que nunca param de evoluir. Fazem isso com tanta naturalidade que nem se dão conta. A medicina é um exemplo, o entusiasmo dos pesquisadores, o seu desejo essencial por excelência, a sua empatia para com a dor das pessoas fazem com que as pesquisas sejam constantes e com que os aprendizados se transformem em novas técnicas ou produtos.

A indústria farmacêutica brasileira Cimed – terceira maior do Brasil em volume de vendas – tem na evolução contínua sua principal missão e, com isso, vem fazendo uma trajetória inédita entre seus pares. Com produção focada em medicamentos, vitaminas, dermocosméticos e produtos de higiene e beleza, a empresa busca inovar continuamente e tem na empatia um dos seus principais gatilhos para evolução. Entre suas estratégias está a priorização do acesso do consumidor aos produtos e, para chegar nisso, a organização tomou decisões como padronizar suas embalagens para reduzir os custos e repassou a diferença para os consumidores.

Há estratégias comerciais para ampliar as margens de lucro das farmácias e, em outra frente, estão a pesquisa e o desenvolvimento de novos produtos. Nesse flanco, a empresa não se deixou aprisionar pela estratosfera. Literalmente. A Cimed está desenvolvendo estudos sobre a eficiência das vitaminas em gravidade zero, com o auxílio de cientistas localizados na estação espacial internacional. Para ajudar a financiar esse projeto, a companhia lançou, em 2022, uma coleção de NFTs (*Non Fungible Token*), que foram um sucesso de comercialização e valorização. Provando ser uma empresa versalista, a Cimed tem buscado inovação de maneira consistente por meio de uma cadeia de verticalização própria. Com essa filosofia, vem evoluindo com rapidez em relação às empresas do seu setor e se tornando um exemplo para empreendimentos de várias áreas.

Esse tipo de movimento só é possível graças à soma dos talentos e vontades individuais de toda a equipe e de lideranças comprometidas com a manutenção do entusiasmo de cada colaborador.

Na esfera pessoal, a evolutibilidade (EvolveNESS) está ligada ao conceito japonês de *ikigai* que, definido de maneira simples, é o que faz a vida valer a pena e que nos motiva a realizar tanto o que há de prosaico quanto o que pode ser grandioso no nosso viver, como vimos no capítulo **Propósito no centro de tudo**. Essa evolução em direção a uma vida de propósito está intimamente ligada a um modelo mental que nos leva a uma evolução constante, o *evolve thinking*, que nos permite desenvolvimento contínuo de nossas habilidades, capacidades e nossos talentos e que pode ser decisivo na realização de avanços e na participação em processos de inovação.

Uma peça fundamental nos processos evolutivos são as lideranças, e é por isso que destacamos a ***mindfulness leadership***, que oferece para a dinâmica das empresas um grau mais avançado de sensibilidade e permite aos líderes inspirar suas equipes a se manterem em aprendizado constante e conectadas ao aqui e agora.

Uma das constatações mais claras do nosso momento histórico é que as pessoas desejam muito expressar suas individualidades sendo reconhecidas como múltiplas e plurais. Cada pessoa, independentemente de ser o presidente da empresa ou o estagiário, quer ter seus diversos talentos reconhecidos e sua versatilidade aproveitada, valorizada e celebrada. Por isso, considero as **pessoas versalistas** fundamentais para a construção de uma sociedade mais rica. O ponto fundamental para exercer a versatilidade é jamais se deixar aprisionar por crenças limitantes ou estruturas opressivas – o que também se aplica às organizações.

A **empresa versalista** é aquela capaz de fazer um salto qualitativo no conceito de diversificação e trazer um elemento inovador e disruptivo para os mercados em que participa. Muitas vezes são aquelas corporações que apertam o gatilho da inovação e, com um único tiro, transformam um mercado e o comportamento dos consumidores. E é nesse ponto da curva evolutiva que reencontramos a visão do **Minimalismo e a empresa consciente**, em que a aplicação dos 4 Es de elegância, eficiência, eloquência e êxito está ligada às atitudes das pessoas e de como se relacionam com os Es de essência, entusiasmo, excelência, empatia e a evolução.

Afinal, viver em um mundo em que os mais evoluídos são vitoriosos estimula quem ainda está perdido a seguir a trilha da busca pela essência, do exercício do entusiasmo, da conquista da excelência, da prática da empatia e de realizar a evolução que, inexoravelmente, segue tudo isso.

> Viver em um mundo em que os mais evoluídos são vitoriosos estimula quem ainda está perdido a seguir a trilha da busca pela essência, do exercício do entusiasmo, da conquista da excelência, da prática da empatia e de realizar a evolução que, inexoravelmente, segue tudo isso.

CAPÍTULO 15
Evolveness: atitude, teoria e prática reunidas

A evolução das empresas, do mercado e da sociedade é o reflexo palpável do movimento de evolução pessoal constante que cada indivíduo realiza e que expressa diariamente em suas atividades profissionais.

Um dos aspectos mais interessantes da evolução é que ela conjuga o presente e o futuro em um mesmo movimento. Ela mostra que é o hoje que determina as habilidades para a sobrevivência no futuro. Portanto, dentro do processo evolutivo, não há como separar o hoje do amanhã. O que fica claro é que o passado já cumpriu sua função de nos trazer até aqui.

EvolveNESS é uma atitude consciente de absorver essa característica da evolução e viver o presente sabendo que ele já inclui o futuro. Atenção para essa definição! Quando falamos de atitude consciente nos referimos a um posicionamento pessoal construído com total honestidade e formado por emoções e instintos tanto quanto por racionalidade e experiência. Em resumo, é uma mentalidade, uma maneira de pensar que formata todo o nosso sistema operacional enquanto pessoa física e profissional e que acaba se refletindo no histórico das empresas – especialmente se elas se mostram permeáveis a novas ideias e têm a agilidade necessária para dar saltos evolutivos. Exemplos existem muitos, alguns mais completos que outros.

O Rock in Rio talvez seja uma das marcas brasileiras mais conhecidas e admiradas internacionalmente – o que chega a ser surpreendente em vários níveis. Afinal, o próprio festival surgiu em 1985, fruto do desejo dos brasileiros de assistirem a shows de artistas que consideravam o Brasil muito distante para ser incluído nas suas turnês internacionais. Foi uma ousadia empresarial tão grande que chegou a ser considerada suicida por muitos.

Até aquele ponto da sua trajetória corporativa, Roberto Medina só tinha sucessos para colecionar na carreira da sua empresa, a Artplan, fundada em 1967. Um dos maiores foi o show de Frank Sinatra no Maracanã, em 1981 – um êxito estrondoso. Trazer o Blue Eyes para cantar aqui foi como inocular a primeira dose de um remédio para curar a "síndrome de vira-lata" do público brasileiro, considerado irrelevante pelos artistas do primeiro escalão.

O Rock in Rio trouxe a cura completa. Fred Mercury, da banda inglesa Queen, regendo o público de 1 milhão de pessoas que cantavam *Love of My Life* virou lenda no Brasil e no mundo. Mas quem esteve lá sabe que, além de emoções, houve muitas dificuldades. Especialmente porque a área do público virou um grande lamaçal depois das chuvas torrenciais características do verão carioca. Ter se sujado na lama do Rock in Rio 1985 se tornou uma espécie de medalha de honra ao mérito para os fãs de música.

O projeto se tornou uma grande empresa, com mais de vinte edições realizadas não só no Brasil como também em Portugal e Espanha, que movimentaram mais de 2 mil artistas, 10 milhões de pessoas na plateia, 220 mil empregos gerados e, como compensação ambiental, 73 milhões de árvores doadas para a Amazônia.

Trinta anos depois, em 2015, a área onde a primeira edição do festival foi realizada foi vendida e viraria um empreendimento imobiliário. Como na empresa todos são incentivados a colaborar

> Proporcionar um ambiente em que as pessoas se sintam seguras para mostrarem sua essência e seu entusiasmo já é uma vantagem competitiva importante.

com ideias, um freelancer do departamento de marketing sugeriu a Roberto Medina que a organização vendesse a lama do terreno. O CEO o desafiou a viabilizar a ideia e o resultado foi que os fãs correram para comprar o receptáculo de acrílico cheio da terra "sagrada" do local onde o festival foi realizado.

Quando olhamos de fora para o case Rock in Rio, enxergamos claramente os 4 Es do Sistema de Estratégia Minimalista (SEM): elegância em oferecer o que as pessoas desejam, eficiência em entregar o produto, eloquência capaz de tornar a marca admirada e inesquecível e êxito inquestionável enquanto projeto, com direito ao desenvolvimento de novas ações evolutivas e escaláveis para o futuro.

Basta pensar, porém, no que estava acontecendo com cada profissional envolvido no projeto para perceber que as coisas só aconteceram por causa dos 5 Es de EvolveNESS: viver um trabalho alinhado com a sua essência, ter entusiasmo pela missão, buscar a excelência em cada ação, olhar com empatia para todos os stakeholders do negócio procurando soluções ganha-ganha e buscar a evolução constante de trazer o amanhã para dentro do hoje.

A mentalidade evolutiva está presente no case Rock in Rio em vários níveis – desde o fato de a empresa não ter parado no primeiro festival como o de ter feito o evento se tornar uma das mídias mais poderosas do mercado para exposição de marca. Além disso, o evento se tornou transgeracional, sendo capaz de atrair desde os *baby boomers* até a geração Z. Para completar, o histórico da empresa mostra que a ousadia de ouvir o que os colaboradores têm a dizer – inclusive os que não estão em cargos de liderança formais – é um caminho seguro para a criatividade dotada de propósito conceitual e possibilidade de geração de receita, além dos ganhos em *branding*. Ela mostra que proporcionar um ambiente em que as pessoas se sintam seguras para mostrarem sua essência e seu entusiasmo já é uma vantagem competitiva importante.

Desde que a nossa espécie descobriu que em grupo somos mais fortes e temos maiores chances de sobrevivência, de certa maneira, passamos a colocar a sociedade em que vivemos à frente dos nossos próprios desejos – afinal, essa é a maneira mais eficiente de estar em sintonia com o grupo.

A boa notícia é que, cada vez mais pessoas desejam viver em um mundo melhor e mais justo para todos, trabalhar em empresas em que os talentos sejam valorizados e buscar um planeta em que a natureza e os animais são protegidos. Enfim, cada vez mais pessoas têm consciência de que a sua felicidade está inserida em um contexto maior, que também tem de ser positivo.

No ponto de equilíbrio entre o desejo individual e a realidade social estão, entretanto, o equilíbrio que só pode ser atingido se pessoas e seus universos andarem em sintonia. Essa relação entre o pessoal e o empresarial funciona como o diagrama chinês do Yin e Yang, em que duas forças se completam e têm, no centro de cada uma, um pouco da outra.

Atualmente, no centro das iniciativas empresariais mais bem-sucedidas está a preocupação com as pessoas e, ao mesmo tempo, em cada profissional que atua em uma empresa está o desejo de vê-la prosperar.

O ponto de partida para o SEM era mostrar para as pessoas os quatro verticais de referência – elegância, eficiência, eloquência e êxito –, para desenvolverem estruturas corporativas mais bem-sucedidas e apontar um caminho para o crescimento das empresas.

Em EvolveNESS, meu objetivo é atender à outra ponta da equação para mostrar a você que a evolução pessoal permite gerar as melhores energias profissionais e atrair o sucesso pessoal e profissional por meio de cinco outros "Es": **essência, entusiasmo, excelência, empatia e evolução.**

Essa constelação de conceitos é a bagagem perfeita para permitir escalar a vida corporativa como o montanhismo: com a plenitude do momento, com respeito às condições que nos cercam, com o imenso desejo de chegar ao topo com saúde e, simplesmente, poder sentir o vento no rosto. Você está pronto?

> Cada vez mais pessoas têm consciência de que a sua felicidade está inserida em um contexto maior, que também tem de ser positivo.

"Você está pronto?"

Este livro foi impresso pela Gráfica Edições Loyola em papel pólen bold 70g em setembro de 2022.